高等职业教育通识课教材

新时代美育概论

XINSHIDAI MEIYU GAILUN

徐　菲　黄丽佳　阳璐西　主编

中国轻工业出版社

图书在版编目（CIP）数据

新时代美育概论 / 徐菲，黄丽佳，阳璐西主编. —
北京：中国轻工业出版社，2025.8
高等职业教育通识课教材
ISBN 978-7-5184-4087-0

Ⅰ. ①新… Ⅱ. ①徐… ②黄… ③阳… Ⅲ. ①美育—
高等职业教育—教材 Ⅳ. ① G40-041

中国版本图书馆 CIP 数据核字（2022）第 143492 号

责任编辑：贺　娜　　　责任终审：劳国强
整体设计：锋尚设计　　责任校对：朱燕春　　责任监印：张京华

出版发行：中国轻工业出版社（北京鲁谷东街5号，邮编：100040）
印　　刷：三河市万龙印装有限公司
经　　销：各地新华书店
版　　次：2025年8月第1版第6次印刷
开　　本：720 × 1000　1/16　印张：10.25
字　　数：180千字
书　　号：ISBN 978-7-5184-4087-0　定价：38.00元
邮购电话：010-85119873
发行电话：010-85119832　010-85119912
网　　址：http://www.chlip.com.cn
Email：club@chlip.com.cn

251335J2C106ZBQ

编委会名单

主　编

徐　菲　黄丽佳　阳璐西

副主编

赵　凯

参　编

王　岚　陈光高　许明明　吴　强

温万春　罗常华　赵　燕　肖　彪

孙　夏　周　静　罗　杨　罗万静

主　审

徐奇霖

前言

本书作为新时期高等职业教育类院校“美育概论”课程教材，注重把握时代脉搏，在产教融合、校企合作的视域下将时代经济潮流、信息手段融入教材，最终融入教学。把高职教育理论知识与实践技能结合起来，突出其“教学性”“教写性”和“实训性”。本书结合各专业不同属性，尽量选择不同种类的学科编写教学内容，让学生有选择性地学习美育的相关内容。

本书的主要特点是讲求趣味性、直观性和科学性，同时注意深浅结合、理论与实践结合。本书参考了大量与美育相关的文献，本着集思广益尽量追求创新创意的初衷，尤其是全书体例结构，共分知识框架、教学目标、经典举要、思考探究、课堂小测、文化链接、情景实训、创意设计等几个方面，并且注意将课程思政以春风化雨、润物细无声的方式潜藏于教材内容。在每章的每小节（个别为章）开篇都以知识系统框架统摄全章内容精华，知识系统框架设计意图是让使用本教材的教师和学生不断增益完善知识系统，达到动态学习知识和扩充知识的目的。这样设计的好处是培养学生建立知识系统的习惯，一方面，成系统的知识一旦经过学生自己的学习思考往往会使其掌握得更加牢固；另一方面，学生能在已掌握的知识系统基础上再进一步突破教材增益知识框架内容，也往往能使其在思考创新后获得突破的快乐。教学目标设置注意由浅入深，层层递进。经典举要也从实际生活里及专业里提炼，努力做到与课堂教学相结合，深入浅出地涵盖教学问题，在此基础上激发学生思考探究的欲望。文化链接的设置意图在于将经典举要涉及的文化知识点发散开来、拓展开来，让教材的知识性与趣味性更加突出。继而课堂小测再将知识细化，起到进一步理解、巩固、提高的目的。情景实训、创意设计两个项目根据章节内容选择更加贴合实际的一项进行。例如，学习完第六章设计之美的部分，选择创意设计就更加贴合教学目的和教学内容。学习完第三章中的诗歌之美、中国戏曲之美就更适合情景实训。

本书共分为十章。内容包括：第一章美学基础，分别从美和美学、中国美学范畴两个方面展开。本章是学习理解各专业之美的基础和入门，属于全书的统领性章节，也是最难、最专业的部分。主要是针对学有余力的学生和对美学有浓厚兴趣的学生编写的。第二章文字之美，分别从造字之法、书体演变、书法之美三个方面展开。循序渐进由实用到审美，可以说汉字是所有中华文化的载体，其中蕴含的文化是中华文化核心中的核心。第三章文学之美分别从小说、散文、诗歌、戏曲四大文学体裁展开。从具体的经典文学实例入手赏析各种体裁的文学之美。第四章摄影之美，包括了摄影常识和摄影之美两个小节。注重理论联系实际，抓住生活的瞬间，发现美，领略美。第五章音乐之美，具体从音乐概论、声乐之美、器乐之美三个方面论述音乐之美的内涵。第六章设计之美，从纹饰之美、图标之美两个方面展开，展示了古代纹饰构思之精巧和现代设计之美观简洁、内涵深刻。第七章建筑之美，主要讲述了建筑的审美特性和建筑的美育功能，从古今中外的建筑典范具体论述了建筑方面的伟大成就。第八章园林之美，从园林之史讲到园林之美，将园林的经典案例——个园作为具体学习对象，巧妙讲述了园林之美的相关问题。第九章景观之美，从人文景观和自然景观两方面展开，论述了人文景观和自然景观的类型、特点、审美元素等内容。第十章中医之美，主要以《黄帝内经》为经典内容，从保养天真、四气调神大论两方面论述了保真气、养元气和通过四季的气候变化调养精神以达到健身防病的目的。

各章节皆是由宜宾职业技术学院教师编写：第一章、第二章、第九章由素质教育学院徐菲老师编写；第三章由素质教育学院孙夏、周静老师和人文社会学院王岚、阳璐西老师共同编写；第四章由屏山学院黄丽佳老师编写；第五章由素质教育学院陈光高老师编写；第六章由汽车与轨道交通学院赵凯老师编写；第七章由建筑与环境工程学院许明明老师编写；第八章由文创与旅游学院吴强老师编写；第十章由建筑与环境工程学院温万春老师编写。最后的校勘、排版、配图、整理及定稿由素质教育学院汉语言教研室罗万静、罗常华、赵燕、肖彪、罗杨老师共同完成。素质教育学院徐奇霖院长担任主审。本书在编写过程中参考了我国目前已出版的有关文字、书法、文学、美学、建筑、园林、设计、音乐、摄影、景观、中医等方面的文献资料，吸取了各种版本《美育概论》教材的研究成果，尤其对在前期做出了各种基础工作的人文社会学院鲜跃勇书记、现代农业学院刘雪梅书记，在此深表谢意。由于编写人员水平所限，书中缺点甚至错误在所难免，恳请读者不吝赐教。

编者

2022 年 9 月

目录

第一章 美学基础

第一节 美和美学

【知识框架】

美学
- 美是什么：美是数的和谐—理念—物自体；美是生活；美是理念的感性显现——客观和主观统一
- 古典美学体系：本质论、体验论、品评论、创作论

教学目标

知识目标：掌握美和美学的概念及区别。

能力目标：能够概括古今中外对美的认识及相关知识体系内容。

素质目标：认识中国美学、体味中国古典美学。

【经典举要】

[壹] 美是什么[①]

在古希腊，柏拉图提出“美本身”的问题，即美的本质的问题。从此西方学术界几千年来一直延续着对美的本质的探讨和争论。这种情况到了 20 世纪开始转变。美的本质的研究逐渐转变为审美活动的研究。从思维模式来说，主客二分的模式逐渐转变为天人合一（即人—世界合一）的模式。最主要的代表人物是海德格尔。

在 20 世纪 50 年代我国学术界的美学大讨论中，对“美是什么”的问题形成了四派不同的观点。但无论哪一派，都是用主客二分的思维模式来分析审美活动。到 80 年代后期和 90 年代，学术界重新审视这场大讨论，很多学者开始试图跳出这个

① 文章选自叶朗《美在意象——美学基本原理提要》一文，摘自《北京大学学报（哲学社会科学版）》，2009，46（03）：11－19。

主客二分认识论的框框。

不存在一种实体化的、外在于人的“美”。柳宗元提出的命题：“美不自美，因人而彰。”美不能离开人的审美活动。美是照亮，美是创造，美是生成。

不存在一种实体化的、纯粹主观的“美”。马祖道一提出的命题：“心不自心，因色故有。”张璪提出的命题：“外师造化，中得心源。”“心”是照亮美的光源。这个“心”不是实体性的，而是空灵的，正是在这个空灵的“心”上，宇宙万化如其本然地得到显现和敞亮。

美在意象。朱光潜说：“美感的世界纯粹是意象世界。”宗白华说：“主观的生命情调与客观的自然景象交融互渗，成就一个鸢飞鱼跃、活泼玲珑、渊然而深的灵境。”这就是美。

美（意象世界）不是一种物理的实在，也不是一个抽象的理念世界，而是一个完整的、充满意蕴、充满情趣的感性世界。这就是中国美学所说的情景相融的世界。这也就是杜夫海纳说的“灿烂的感性”。

美（意象世界）不是一个既成的、实体化的存在，而是在审美活动的过程中生成的。审美意象只能存在于审美活动之中。这就是美与美感的统一。

美（广义的美）的对立面就是一切遏制或消解审美意象生成（情景契合、物我交融）的东西，王国维称之为“眩惑”，李斯托威尔称之为“审美上的冷淡”，即“那种太单调、太平常、太陈腐或者太令人厌恶的东西”。

美（意象世界）显现一个真实的世界，即人与万物一体的生活世界。这就是王夫之说的“如

牧牛图（李可染）

朱光潜先生照片

柳塘清趣（吴冠中）

所存而显之”“显现真实”。这就是“美”与“真”的统一。这里说的“真”不是逻辑的“真”，不是柏拉图的“理念”或康德的“物自体”，而是存在的“真”，就是胡塞尔说的“生活世界”，也就是中国美学说的“自然”。

由于人们习惯于用主客二分的思维模式来看待世界，所以生活世界这个本原的世界就被遮蔽了。为了揭示这个真实的世界，人们必须创造一个“意象世界”。意象世界是人的创造，同时又是存在（生活世界）本身的敞亮（去蔽），这两方面是统一的。司空图说：“妙造自然。”荆浩说：“搜妙创真。”宗白华说：“象如日，创化万物，明朗万物！”这些话都是说，意象世界是人的创造，而正是这个意象世界照亮了生活世界的本来面貌（真、自然）。这是“人的创造（意象世界）”与“显现真实”的统一。

匡庐图（荆浩）

生活世界是人与万物融为一体的世界，是充满意味和情趣的世界。这是人的精神家园。但由于被局限在“自我”的有限天地中，人就失去了精神家园，同时也就失去了自由。美（意象世界）是对“自我”有限性的超越，是对“物”的实体性的超越，是对主客二分的超越，从而回到本然的生活世界，回到万物一体的境域，也就是回到人的精神家园，回到人生自由的境界。所以美是超越与复归的统一。

[贰] 何谓美学①

西方美学的历史是从柏拉图开始的，不是从鲍姆嘉通开始的。

中国美学的历史至少从老子、孔子的时代就开始了。所以不能说中国古代没有美学。

在中国近代美学史上，影响最大的美学家是梁启超、王国维、蔡元培。在中国现代美学史上，影响最大的美学家是朱光潜和宗白华。

20 世纪 50 ~ 60 年代，中国出现一场美学大讨论。这场大讨论把美学纳入认

① 文章选自叶朗《美在意象——美学基本原理提要》一文，原载《北京大学学报（哲学社会科学版）》，2009，46（03）：11 - 19。

识论的框框，在“主客二分”思维模式的范围内讨论美学问题，这在很长一段时间内，对中国美学学科的建设产生了消极的影响。

宗白华先生照片

美学研究的对象是审美活动。审美活动是人的一种精神文化活动，它的核心是以审美意象为对象的一种人生体验。在这种体验中，人的精神超越了“自我”的有限性，得到一种自由和解放，回复到人的精神家园，从而确证了自己的存在。

美学的学科性质可以归纳为四点：第一，美学是一门人文学科，人文学科的研究对象是人的生活世界、人的意义世界和价值世界；第二，美学是一门理论学科、哲学学科，那种用心理学美学来取代哲学美学的思潮，对美学学科的发展是不利的；第三，美学是一门交叉学科，美学与艺术学、心理学、语言学、人类学、神话学、社会学、民俗学、文化史、风俗史等诸多学科都有密切的关系；第四，美学是一门正在发展中的学科，从国际范围来看，至今还找不到一个成熟的、现代形态的美学体系。

学习美学的意义在于：第一，完善自身的人格修养，提升自己的人生境界，自觉地去追求一种更有意义、更有价值和更有情趣的人生；第二，完善自身的理论修养，培养自己对于人生进行理论思考的兴趣和能力，从而使自己获得一种人生的智慧。

美学学科的性质决定了学习美学的方法：第一，要注重美学与人生的联系，学习和思考任何美学问题都不能离开人生；第二，要立足于中国文化；第三，要注重锻炼和提高自己的理论思维能力；第四，要有丰富的艺术欣赏的直接经验，同时要有系统的艺术史知识；第五，要扩大自己的知识面；第六，要有开放的心态，要注意吸收国内外学术界新的研究成果。

文化链接

美是什么[①]

对美的本质的思考历来是西方美学的核心问题，从不同的哲学基础上，美学家

① 文章选自陈德洪著《艺术美学》，重庆大学出版社，2015 年 09 月版。

们建构了形形色色的美学理论体系来追问美的本质。

本质主义的思维方式是西方传统思想的重要特征。西方文化往往从实体方面去认知和分析世界。西方思想家往往认为，在纷繁复杂的现象界背后一定有一个更本质性的存在，要么是实体性的物质，要么是精神性的理念。西方传统学术往往是通过对事物本质的分析，以明晰的概念和严密的逻辑推演来建构系统性的理论体系。柏拉图在《大希庇阿斯篇》中借苏格拉底和希庇阿斯关于美的对话引发了大家关于美的本质的追问。柏拉图在这篇著名的对话中运用苏格拉底式的辩论法，把关于美的本质的各种观点抛出来进行层层辨析，形象地展示出鲜活的思想过程。

柏拉图认为："美本身把它的特质传给一件东西，才使那件东西成其为美。"由此美本身应该区别于一位标致的小姐、一匹漂亮的母马、一把美的竖琴等具体的美的事物。他陆续就美的本质提出了设想：美在于恰当，美在于有用，美在于有益，美在于视听的快感；而他又相继认为这些设想并不能回答美的本质这个问题，最终柏拉图将对美的本质的追问归结为一个结论"美是难得"。

柏拉图雕像

问题往往比结论更重要，柏拉图的智慧在于他提出了问题，但却没有给出一个答案。美学史上众多的美学家都给出了关于美的本质的答案，但莫衷一是，今天我们依然为这样的问题而争论不休或者干脆就拒绝回答这样的问题。换一种思路，也许我们本不应该要求美学给出一个标准答案，美学不是科学，它无法把客观性作为自己唯一的目标。在西方文化里哲学的本意是爱智慧，美学作为哲学的一个部分，它引发我们对美的思考，启迪我们的智慧，这也许就是美学的真正意义所在。柏拉图美的本质之问可以说播下了美学的种子，西方美学正是从这里开始起步发展，生根发芽，开花结果。柏拉图美的本质之问也就成为我们美学学习的历史起点。

从柏拉图关于美的本质的问题提出之后，西方传统美学直接把这个问题作为美学的核心问题，形成了本质主义的美学传统。关于美的本质有三大类基本的结论：

（一）理念论

理念论是指将美的本质归结为一种形而上学的设定，力图从超越于现象世界的超验层面去认识美的本质。柏拉图认为一切现象都归结为其背后的理念。因而所有美的事物都有一个普遍的共性形式，这就是美。柏拉图的这种思路确认了美的普遍性和客观性。但美的事物却是具体的，对美的感受也是主观的，这就造成了柏拉图之间的困境。

苏格拉底把美归结为一种合目的性。美不是一种外在于人的对象，而是与人有关系的，美与善是统一的。苏格拉底把美的这种合目的性依然看作是绝对的理念性质，但是他把美与人的价值追求联系了起来，从人的角度来探究美，这是具有重要意义的。

黑格尔画像

黑格尔提出了“美是理念的感性显现”的著名命题。黑格尔是德国古典哲学的集大成者。他也把西方古典美学推到了一个新的高度。黑格尔将美的普遍性、客观性与具体性、主观性辩证地联系了起来，在理念论的基础上深化了对美的认识。

宗教美学将美的本质归结为一种绝对的神学解释，因而也可以归入理念论的范畴。

（二）形式论

毕达哥拉斯雕像

形式论是指将美的本质归结为美的具体对象的形式和特征等属性，力图从审美对象中去归结出美的本质。在柏拉图之前的毕达哥拉斯学派认为世界的本原就是数，数是一切事物的本质，当然也是美的本质。毕达哥拉斯学派最早发现了音乐中音阶的数学关系，发现了黄金分割比（1∶0.618）。他们的观点对古希腊的艺术具有重要的影响，直到今天，形式主义的美学观依然具有很大的影响力。

（三）主观论

主观论是指将美的本质归结为一种审美快感，力图从审美主体的生理层面、心理层面来认识美的本质。理念论和形式论都认为美的本质是客观的，主观论却立足于经验主义的基础之上。哲学家休谟就曾经明确地宣称，“美不是事物本身的属性，它只存在于观赏者的心里”。主观论把美的本质和人的情感心灵世界联系起来，开辟了主观美学的路径。

马克思主义诞生以后，由于马克思主义的经典作家并没有关于美学的专门著作，因此建立马克思主义的美学理论被提上了日程。苏联美学家根据马克思主义的基本原理形成了自然派与社会派的美学思想。自然派以辩证唯物主义为依据，将美的本质归结为审美对象的自然属性；而社会派则以历史唯物主义为依据，认为美的本质具有客观社会性的根源。在生产实践中，人的对象化与自然的人化是人的本质力量的显现，是美的本质的真正来源。在自然派与社会派之外也有从主体角度来思考美的本质的理论观点，强调美的本质在于主客观的统一性。

中国现代美学关于美的本质的思考早期主要来源于对西方美学的引进，以朱光潜引进的心理学美学为代表。20世纪50～60年代，中国开展了关于美学的大讨论，形成了四种主要的观点。以吕荧、高尔太为代表的主观派，强调美在人的主观感受；以蔡仪为代表的客观派，强调美在事物的客观属性，美的本质就是事物的典型性；以李泽厚为代表的社会派，认为美在事物的社会属性，是客观性与社会性的统一；以朱光潜为代表的主客观统一派，强调美不在心，也不在物，而在心物的关系上。整体来说这些观点基本与苏联的美学保持了同步调，体现了中国美学家力图用马克思主义基本原理来探索美的本质的努力。在新时期，中国的美学进入了新的发展时期，实践美学逐渐脱颖而出，并且具有了重要的影响。李泽厚进一步发展了他的美学观点，成为实践美学的代表。他明确提出用主体性实践哲学（人类学本体论）来回答柏拉图美的哲学问题，研究美的普遍必然性的本质和根源。

李泽厚先生照片

从美的本质的角度来建构美学体系虽然产生了丰硕的成果，但也越来越受到质疑。在今天主流的美学研究中，这种美学研究模式已经逐渐远离了人们的视线。

逻辑实证主义认为美不过是一种情感态度，没有科学上的真理性和客观性，美学作为一种学科都是有问题的。分析美学认为美的本质的命题都是不可证实的形而上学的命题，它给予知识的幻象却并不给予任何知识。维特根斯坦认为美这个词被误解了，它作为一个形容词被使用，而人们往往化虚为实地把对事物的形容当作事物的属性。对美的本质的寻求就是源于这样的误用。

本质是一个重要的哲学范畴，本质主义的思维方式设定事物背后有一个普遍的规律性和本质，对事物的本质的揭示与认识是认识事物的重要途径。反本质主义的观点认为事物的本质往往是发明的而不是发现的，事物背后并没有一个普遍的规律性和本质的存在。

墨荷（含露）

与西方传统的本质主义思维方式相比较，中国传统的思维方式有自己鲜明的特点。中国古人不乏对美的讨论，如孔子“里仁为美”，孟子“充实之谓美”，但他们从来不给美下一个确切的定义。中国传统文化认为语言和事物之间的关系不是一种明晰的对应关系，对事物的把握是一种整体的体悟而不是一种语言上的命名。这种文化特点也决定了中国古典美学区别于西方古典美学的独特形态。

美作为一个概念是抽象性的。人类的语言和文化中有很多这样的抽象概念。这些概念并不同于有特定的实体对象的概念，它并不与一个实体相对应。我们不能因为美的概念的抽象性就否定这个概念的成立，而认为美是一种子虚乌有的存在。如果我们认为美这个概念是成立的，那么从语言学的观点来看这个概念必定有其内涵和定义。

在汉语语境中的美，其概念的内涵也是一个不断发展演变的过程。东汉的许慎在《说文解字》中解释为：“美，甘也。从羊从大，羊在六畜，主给膳也。”今天的汉语中也有美味、美食的词汇。在日常生活中也有形容外在形态的美色、美人、美景、美服、美宅等；形容内在品德的美德、心灵美等；形容社会行为与情感的行为美、和美、美滋滋、美好、美满等。作为一种价值形态，真、善、美往往并称。汉语中美的内涵经历了从具体到抽象，从生理快感到价值形态，从单一到复杂的发展演变过程。今天我们对美的理解与定义也是多元而复杂的。

作为美学的核心概念我们首先要明确美这个概念的内涵是什么，或者说美的本质是什么。然后我们才能够以此为讨论的基础和前提。美的本质即我们对美的理解与定义。因而传统的美学理论体系大多从对美的本质的定义开始进行演绎和建构。关于美的本质的各种美学观点和理论体系，我们可以从各种美学史著作和美学专著中去进一步了解、学习和研究。

传统的本质主义美学往往强调美的定义和本质的唯一性和绝对性。今天我们对美学的学习和讨论需要明确，对美的定义、美的本质这样的问题的分析和思考并不是要得出一个唯一的结论和答案，也不可能给出一个放之四海而皆准的标准答案，而是要给讨论和思考一个基础与起点。对美的概念有不同的理解并不一定妨碍我们对美的讨论，但我们需要注意，在特定的语境中，我们需要辨析不同的定义其内在逻辑，以防止造成逻辑的混乱，使讨论无法有效进行。

思考探究

通过对本节的学习，你觉得中国美学和西方美学的区别在哪里？

课堂小测

1．在艺术接受中，意象的重建过程主要在于（　　）。

A．读　　B．悟　　C．观　　D．品

2．意境和意象的区别在于（　　）。

A．意境是指审美的广度，意象是指审美的深度

B．意境具有主客一体的特征，意象具有主客对立的特征

C．意境属于形而上的领域，意象属于形而下的领域

D．意境是一个艺术范畴，意象是一个美学范畴

3．现实主义艺术中的人物形象一般属于（　　）。

A．仿象　　B．兴象　　C．喻象　　D．抽象

4．意象思维和抽象思维的区别表现在（　　）。

A．前者主要是心理学范畴，后者主要是认识论范畴

B．前者一般不使用抽象概念，后者需要运用抽象概念

C．前者的目的在于求美，后者的目的在于求真

D．前者的成果是精神产品，后者的成果不是精神产品

5．美学史上最早提出“美在数的和谐”的美学家是（　　）。

A．毕达哥拉斯　　B．苏格拉底　　C．柏拉图　　D．亚里士多德

6．在朱光潜的美论中，“物”与“物的形象”的不同主要是（　　）。

A．前者是客观的，后者是主观的

B．前者是客观的，后者是主客观的统一

C．前者是实在的，后者是虚幻的

D．前者属于内容范畴，后者属于形式范畴

7．美的本质问题的核心是（　　）。

A．人的本质与美的本质之间的关系问题

B. 审美主体与审美对象之间的关系问题

C. 人类审美感官与世界历史的关系问题

D. 事物审美属性如何在实践中生成的问题

8. 托马斯·阿奎那认为："事物并不是因为我们爱它才成为美的，而是因为它是美的与善的才为我们所爱。"这一观点表明，作者理解美的角度是（　　）。

A. 客观事物自身的属性　　B. 人的主观心意状态

C. 人与现实的审美关系　　D. 人类的审美需要

9. 原始时代的狩猎民族虽然住在花卉极其丰富的土地上，却决不用花作装饰。这一现象说明（　　）。

A. 美取决于人的主观心意状态　　B. 美在移情

C. 美依存于人们的生活实践　　D. 美取决于距离

10. 在西方美学史上，真正严格地区别了美感和快感的美学家是（　　）。

A. 德谟克利特　B. 休谟　C. 博克　D. 康德

11. 黑格尔"美是理念的感性显现"说不同于柏拉图"美在理念"说的主要特点是（　　）。

A. 突出了美的感性因素　　B. 强调了美的理性内容

C. 注入了辩证法的精神　　D. 更具有思辨的意味

12. 艺术操作中技与道的完美结合，在中国古代书画理论中常被称为（　　）。

A. 心手相应　　B. 刻镂无形

C. 胸有成竹　　D. 气韵生动

情景实训

通过对本节内容的学习，结合自身经历展开一次"美是什么"的大讨论。

第二节　中国美学范畴

【知识框架】

中国美学范畴
- 道—气—象—神—意—韵
- 阴阳（刚—柔　动—静　疏—密　虚—实）
- 意象—意境—意韵
- 象—意　气—韵　情—境　妙—味　雅—俗　轻—重
- 合—和　形—神　气—势　气—大　风—骨

教学目标

知识目标：学习并掌握关于美学范畴知识的基本体系。

能力目标：能够继续增益补充美学范畴知识体系内容。

素质目标：深入认识中国美学的特点，从而对中国文化产生热爱。

【经典举要】

中国美学的范畴体系[①]

在漫长的历史过程中，中国美学形成了一套独特的范畴体系，集中表达了古代中国人独特的审美意识。

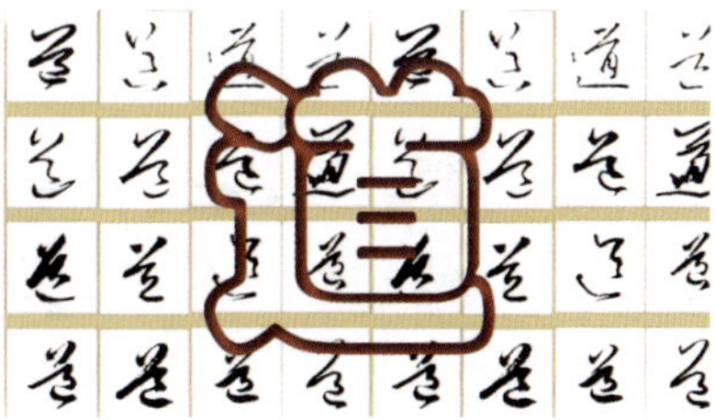

书法——道

中国美学的核心范畴不是“美”，也不是“艺术”，而是“道”。“道”的特征是“自然”，与之相对的是具有“人为”特征的“技”。“道”与“技”、“自然”与“人为”之间的差异，不是实体上的差异，而是境界上的差异。任何一种事物，只要体现了“道”的特征，就都可以算得上是艺术作品。“道”与“技”之间的这种区别，与西方美学中的模仿与被模仿之间的区别完全不同。后者是实体上的区别，而不是境界上的区别。

① 文章选自彭锋《什么是中国美学》，原载《中国高校社会科学》，2019（01）：109－116，＋158。

中国美学描述审美对象的范畴是“象”，后来进一步发展为“意象”“意境”。“象”不同于西方古典美学中的形式美的概念，它不是指某种具有特殊形式的事物，而是指事物的一种特殊的显现样子。从这种意义上说，它比较接近现代现象学美学所讲的审美对象。“象”介于形而上的“道”和形而下的“器”之间，是一种既非观念又非物质的东西。“象”后来发展为“意象”。“意象”的基本特征是情景交融，是一种既非主观又非客观的东西。根据王夫之等人的认识，意象是主体与对象遭遇时所自然生成的样态，是事物向审美主体直接呈现的样子，同时也是事物最真实的样子。

中国美学描述审美经验的范畴是“兴”，后来发展为“感兴”。“兴”不同于西方美学中的“直觉”概念，它不是指主体一种特殊的认识事物的方式，而是指主体一种特殊的存在方式，它既不同于主体用概念来理解事物，也不同于主体由欲念来对事物采取实践行为，中国美学常常把“感兴”状态称为主体的本然状态。在这种状态中，主体只是听凭自己的感受来同事物打交道，让事物在不受概念和目的局限的感觉中自由的显现。因此可以说，如果作为审美对象的“象”是事物的本来样子的话，那么作为审美经验的“兴”则是主体的本来样子。

中国美学还有一个特殊的范畴，既可以用来描述审美对象，也可以用来描述审美主体，那就是“气”。“气”是中国哲学中一个独特的范畴，它既可以指有形物质的一种基本元素，也可以指无形精神的一种可感形式，总之是某种介于精神与物质、主体与客体之间的东西，精神与物质、主体与客体可以借此进行沟通和交流。中国古典美学的理想，就是试图以“气”为中介，冲破僵硬的物质外壳，达到精神与物质、主体与客体更深层次上的交往与理解。

历代大书法家书写的“气”

中国美学的核心问题不是发现形式美的规律或探讨艺术创作规律的问题，而是人生境界的问题。在审美境界中，人与自然、精神与物质、主体与客体处于自由的交往之中，这里没有任何外在的限制却生成了自然的条理和节奏，用儒家的话来说，这就是“从心所欲而不逾矩”的境界；用道家的话来说，是“以天合天”的境界；用禅宗的话来说，是“见山还是山，见水还是水”的境界。这是古代中国人理想的人生境界。

文化链接

道

太极图

“道”，在中国古代哲学中是一个表达宇宙本原与自然规律的范畴。“道”字的原本意义是指“供人行走交通的路径”，后来引申为一种抽象的含义，用来表达道理、道义，而作为一个哲学概念来表述，则始于老子。道家的经典著作《老子》，分为《道经》与《德经》两部分，因而又合称为《道德经》，老子超越了纷纭变幻的凭借人类感性所能觉知的经验范围，而将人事运行做了一种形而上的思索和阐发，在其思想体系中，“道”是一个核心性的概念，“道”字在五千余言的《老子》一书中出现达70余次之多。概括而言，“道”在老子看来基本有两种含义：一种是作为宇宙本原的“道”，另一种是作为自然规律的“道”。到了庄子那里，“道”的含义又有了新的表述“夫道有情有信，无为无形，可传而不可受，可得而不可见；自本自根，未有天地，自古以固存；神鬼神帝，生天生地；在太极之先而不为高，在六极之下而不为深，先天地生而不为久，长于上古而不为老。”庄子认为，得“道”者可以达到一种“天地与我并生，万物与我为一”的逍遥境界，即是后来所传称的“得道成仙”。“道”，成为宇宙人生的真谛，代表着人生所能达到的最高修化。而“道”并非道家哲学的专有概念，儒家也有关于“道”的论述，例如，西汉董仲舒曾说：“道之大原出于天，天不变，道亦不变。”但儒家思想中的“道”基本上指的是更为实在的自然与社会的运行秩序和发展规律，并不如同道家之“道”那样的高深玄妙。唐代韩愈则用“道”来阐释自上古尧舜时期以来直至孔孟历代相延传的中国正宗的文化价值系统。宋代朱熹又将“道”表述为“天理”，指出："理也者，形而上之道也。"朱熹由此把"道"提升至本体论的范畴来阐述，从而使"道"成为儒家学说中的一个核心概念。总体而言，"道"的阐释基本体现于宇宙本体和事物运行规律这两重意义上。

阴阳

"阴阳"是人们把握和描述事物的对立统一属性的哲学范畴，"阴阳"这一观念产生于人们对天象的观察，其最初含义是很朴素的，用来表示阳光的向背，向日为阳，背日为阴，后来则引申为气候的寒暖、方位的上下、状态的动静、性质的刚柔等普遍的两两对立的范畴。

中国古代的哲学家们认为自然界中的一切现象都存在着既相互对立而又相互依存的关系，于是就用"阴阳"这个概念来解释自然界两种相互对立同时又相互消长的物质势力。《易经·系辞上》中"一阴一阳之谓道"，《素问·阴阳应象大论》中"阴阳者，天地之道也，万物之纲纪，变化之父母，生杀之本始"，意思是说，"阴阳"的这种对立统一的运动规律是自然界一切事物运动变化固有的规律，世界本身就是"阴阳"二气相互作用互为运动的结果。周敦颐的《太极图说》中有这样的表述："无极而太极。太极动而生阳，动极而静，静而生阴，静极复动。一动一静，互为其根。分阴分阳，两仪立焉。""（阴阳）二气交感，化生万物。万物生生，而变化无穷焉。"这是中国古代哲学中对于"阴阳"概念最为完备的阐述。阴阳学说，是中国古代朴素的唯物论和自发的辩证法思想，这种学说对中国古代哲学思想的发展有着极为深远的影响并且广泛地体现于医学、音乐、数学、化学、天文学等多个领域的科学和文化知识体系建构之中。

气

"气"，在中国古代哲学中是一个特别重要而又非常复杂的概念，在不同的典籍中有着不同的内涵。从根本上来讲，"气"体现的是关于物质存在和运动的哲学范畴，具体说来，中国古代学者从以下几个意义上阐释"气"这一基本概念。首先，气是运行不息而且无形可见的一种极细微的物质，是构成宇宙万物的本原或本体，如《庄子·知北游》说："人之生，气之聚也。聚则为生，散则为死。"另见《列子·天瑞》中"夫有形者生于无形，则天地安从生？故曰有太易，有太初，有太始，有太素。太易者，未见气也；太初者，气之始也；太始者，形之始也；太素者，质之始也。气形质具而未相离，故曰浑沦。"其次，气分为阴阳二气或五行之气，各种气之间的交互运动，推动着宇宙万物的发展与变化，如老子《道德经》说："万物负阴而抱阳，中气以为和。"周敦颐在《太极图说》里讲："二气交感，化生万物。万物生生，而变化无穷焉。"气充塞于宇宙万物之间，与万物相互渗透，是万物之间相互感应的中介物质，令万物之间相互联系，相互影响，从而使万物处于和谐有序的运动之中并且相互感应而构成一个有机的整体。气也同样地存在于人体之内，是人体生命的体现，是推动和调控人体生命活动的动力源泉，人的生命状态与气密切相关，气的运动停止标志着人体生命活动的终结，如《管子·枢言》所说："有气则生，无气则死，生者以其气。"人要保持健康的身体，则必须认真保养运行于人体中的气。气还表现了一种崇高的道德状态和人生修养境界，即孟子所言的"至大至刚，以直养而无害，则塞于天地之间"的"浩然之气"。

象

象，中国古代美学范畴。《周易》最早全面谈及"象"，"易者，象也。象也者，像也"（《系辞下》）。意指天象和象征。前者如："在天成象，在地成形，变化见矣"，"仰则观象于天，俯则取法于地"（《系辞上》）。韩康伯注："象况日月星辰，形况山川草木也。"这里皆将"象"与"形"对举，突出后者是占有一定空间的实体，而前者是这种实体"见"在心里的印象，故有："形乃谓之器，见乃谓之象"（《系辞上》）。这样，"象"就在"形"与"意"间，故又云："圣人立象以尽意"（《系辞上》）。这就引申到"象"的另一内涵，即表示象征如："圣人有以见天下之赜，而拟诸其形容，象其物宜，是故谓之'象'"（《系辞上》）。又"夫《易》彰往而察来显微而阐幽……其称名也小，其取类也大"（《系辞下》）。韩康伯注："托象以明义，因小以喻大"。老子开始以"象"为道的象征，提出"大象"，并认为"大象无形"，而《韩非子·解老》进一步将"象"确立为"意想者"。这种在"形"与"意"之间的"象"在艺术审美上意义重大，主要表现为注重艺术之"象"的直观性、象征性和主观性，且由于主观性融入的程度差异，又可分为物之"象"、意之"象"和象外之"象"。（1）物之"象"主要指可见在眼中的客观事物与现象。唐释虚中《流类手鉴》云："善诗之人，心含造化，言含万象。且天地、日月、草木、烟云皆随我用，合我晦明。此则诗人之言应于物象，岂可易哉?"这里"物象"指客观自然的景物，偏重于物。（2）意之"象"是指经过审美主体想象的艺术形象。分为两种：一是客观物象与主观情思天然凑泊的即景、即物会心之艺术形象，称为"兴象"，唐殷璠《河岳英灵集》中极力倡言这种由"兴"而生的"兴象"；而当“象”中含有更多主体情思便为“意象”，刘勰最早在谈审美想象时提到“意象”：“独照之匠，窥意象而运斤”（《文心雕龙·神思》）。后常用“意象”作为一般的艺术形象使用，如“意象飘逸”（何良俊《四友斋丛说》卷二十六）、“意象浑融”（胡应麟《诗薮》内编卷五），“意象空洞”（陆树声《谷城山馆诗集序》）等。（3）“象外”是指有限艺术形象之外的意蕴。三国魏荀粲最早提出“象外”：“盖理之微者，非物象之所奉也。今称立象以尽意，此非通于意外者也；系辞焉以尽言，此非言乎系表者也；斯则象外之意，系表之言，固蕴而不出”（《魏志·荀粲传》）。通过言、象、意关系说明“象外之意”是语言没有表达出来的内在之意。三国魏王弼更明确指出：“得意而忘象”（《周易略例·明象》），其“忘象”的目的正在于寻求“象外”。唐佛教的兴盛使艺术审美更加追求“象”之心、意，因东晋僧肇有云：“穷心尽智，极象外之谈”“穷微言之美，极象外之谈”（《般若无知论》）。唐司空图《与极浦书》中提出“象外之象”。因为意在“象外”，所以要“超象”，所谓“超以象外”（司空图《二十四品》）、“神超象外”（翁方纲《五洲诗话》卷一）。同时，“象外”与“意境”有密切关系，唐皎然提出诗重“境象”（《诗式》），刘禹锡更为明确地提出，“境生于象外”（《董氏武陵集纪》）。

（选自朱立元著《美学大辞典修订本》，上海辞书出版社，2014年版第142页）

思考探究

“技”和“道”有何区别？请你举例说明你对二者的看法与认识。

课堂小测

1. 美学作为一门独立的学科正式宣告成立的时间是（　　）。

A. 1650年　B. 1750年　C. 1850年　D. 1950年

2. 在西方美学史上被后人尊称为“美学之父”的美学家是（　　）。

A. 柏拉图　B. 狄德罗　C. 鲍姆嘉通　D. 黑格尔

3. 鲍姆嘉通《美学》一书书名音译为“埃斯特惕卡”，它在德文中的意思是（　　）。

A. 逻辑学　B. 伦理学　C. 心理学　D. 感性学

4. 鲍姆嘉通理解美学，这门学科性质的主要角度是（　　）。

A. 认识论　B. 社会学　C. 文艺学　D. 人类学

5. 既是美学著作，也是艺术理论著作的《诗学》的作者是（　　）。

A. 亚里士多德　B. 贺拉斯　C. 朗吉诺斯　D. 席勒

6. 刘勰的美学著作，文学理论著作是（　　）。

A.《乐记》　　B.《文心雕龙》　　C.《典论论文》　　D.《论衡》

7. 西方美学史中提出“美与善相统一”观点的美学家是（　　）。

A. 德谟克利特　　B. 苏格拉底　　C. 柏拉图　　D. 康德

8. 我国古代提出“里仁为美”重要观点的美学家是（　　）。

A. 老子　　B. 庄子　　C. 孔子　　D. 韩非子

9. 美学是一门人文学科，它研究的是（　　）。

A. 人如何认识客观世界　　B. 人类的心理现象

C. 人类的伦理现象　　D. 人类的审美现象

10. 西方近代有位学者认为动物也有美感，也会进行审美活动，这位学者是（　　）。

A. 摩尔根　　B. 达尔文　　C. 巴甫洛夫　　D. 爱因斯坦

11. 原始人类之所以不能把自然作为审美对象，从根本上说，是由于（　　）。

A. 生活没有保障，没有闲情　　B. 语言没有产生

C. 自然还不具备美的性质　　D. 不能充分认识和驾驭自然

12. 我国画史上，画家们创作以自然风光为题材的山水画，始于（　　）。

A. 战国时代　　B. 西汉时代　　C. 魏晋时代　　D. 唐宋时代

情景实训

关于美学范畴的概念展开一次拓展与讨论。

第二章　文字之美

第一节　造字之法

【知识框架】

文字
- 文字起源说：结绳记事说—神鬼献书说—八卦说—仓颉造字说—图画说—符号说—书契说
- 造　字　法：象形—指事—会意—形声
- 用　字　法：转注—假借
- 字体演变
  - 陶文（不成熟）
  - 甲骨文（成熟）—金文—篆书—隶书—草书—行书—楷书
- 书写（实用性）
- 书法艺术（审美性）
  - 书体：篆书—隶书—草书—行书—楷书
  - 书法要素：笔法—结构—章法—气韵—风格

教学目标

知识目标：能概括关于文字知识的基本体系。

能力目标：能够继续增益完善文字知识体系内容。

素质目标：深入认识方块字，体味文字里的中华文化，产生爱国情愫。

【经典举要】

说文解字序（节选）

许　慎

古者庖牺氏[①]之王天下也，仰则观象于天，俯则观法于地，观鸟兽之文与地之

①庖牺氏，古帝伏羲，即太昊。

宜，近取诸身，远取诸物，于是始作《易》八卦，以垂宪象①。及神农氏，结绳为治而统其事，庶业其繁，饰伪萌生。黄帝之史官仓颉，见鸟兽蹄迒（háng）②之迹，知分理③之可相别异也，初造书契。百工以乂（yì）④，万品以察，盖取诸“夬（guài）”⑤；“夬，扬于王庭。”言文者宣教明化于王者朝廷，君子所以施禄及下，居德则忌也。

仓颉之初作书，盖依类象形，故谓之文；其后形声相益，即谓之字。文者，物象之本；字者，言孳乳而浸⑥多也。著于竹帛谓之书。书者，如也。以迄五帝三王之世，改易殊体，封于泰山者，七十有二代，靡有同焉。

结绳记事

周礼八岁入小学，保氏⑦教国子，先以六书。一曰指事。指事者，视而可识，察而可见，上下是也。二曰象形。象形者，画成其物，随体诘诎⑧，日月是也。三曰形声。形声者，以事为名，取譬相成，江河是也。四曰会意。会意者，比类合谊⑨，以见指撝，武信是也。五曰转注。转注者，建类一首，同意相受，考老是也。六曰假借。假借者，本无其字，依声托事，令长是也。

① 宪象：观测推算天象。
② 蹄迒（háng）：蹄爪痕迹。
③ 分理：纹理。
④ 乂（yì）：治理。
⑤ 夬（guài）：决，六十四卦之一。
⑥ 浸：渐渐。
⑦ 保氏：学官。
⑧ 诘诎：曲折；艰涩。
⑨ 比类合谊：连缀、排比同类，归纳、综合其义。谊，古同“义”。指撝（huī）：手指分开。意为以见所指。

文化链接

一、文字起源传说概述

文字起源有各种各样的神奇传说，对于现代人来说简直骇人听闻。具体说来有“结绳记事说”“神鬼献书说”“八卦说”“仓颉造字说”“原始图画说”“记号说”。

是不是很刺激呢？文字的起源竟然有这般奇思异想的各类传说！

二、文献引述

事实告诉我们这些神秘的文字起源的传说都是有典籍可考可查的切实记载。关于结绳记事说《周易·系辞下》有云：“上古结绳而治，后世圣人易之以书契。百官以治，万民以察。”

东汉许慎《说文解字·叙》也云：“及神农氏结绳而治而统其事。”

《周易》郑玄注曰：“结绳为约，事大，大结其绳；事小，小结其绳。”

《九家易》曰：“古者无文字，其有誓约之事，事大，大其绳；事小，小其绳。结之多少，随物众寡，各执以相考，亦足以相治也。”

关于神鬼献书说虽然看起来很诡异，但也有典籍记载，《竹书纪年》云：“（黄帝）游于洛水之上，见大鱼，杀五牲以醮之。天乃其雨，七日七夜，雨流于海，得图书焉。龙图出河，鬼书作洛，赤文篆字，以授轩辕。”

河图洛书

八卦是我们中华文化的核心组成部分，其中的阴阳学说几乎贯穿了所有的文化领域。《周易·系辞下》有关于八卦的记载，因此有学者认为八卦是文字的起源："古者庖牺氏之王天下也，仰观象于天，俯观法于地，观鸟兽之文与地之宜，近取诸身，远取诸物，于是始作八卦，以通神明之德，以类万物之情。"

《说文解字·叙》也有大致类似的记载，盖为借鉴前人而已。

仓颉造字说似乎与我们的想象以及现实生活更为接近，《世本·作篇》云："史皇作图，仓颉作书。"《吕氏春秋·君守》还增加了作车、稼、刑、陶、城五类："奚仲作车，仓颉作书，后稷作稼，皋陶作刑，昆吾作陶，夏鲧作城，此六人者所作，当矣。"

仓颉画像

仓颉的这一贡献的确是可以光耀千古的。因此也得到历代人们的顶礼膜拜。汉代仓颉被极力神化，《论衡·骨相》云："仓颉四目"。《淮南子·本经训》云："昔者仓颉作书，而天雨粟，鬼夜哭。"直到今天河南省南乐县仓颉故里还保存了仓颉祠，仓颉造像为四只眼睛。眼睛是心灵的窗户，大概说其智慧聪明，往往说他"重瞳四目"中国史书记载有重瞳的仅有八个人：仓颉、虞舜、重耳、项羽、吕光、高洋、鱼俱罗、李煜。

图画说是现当代学者们对文字起源的较为普遍的认识，图画是文字产生的最基本的手段，中国语言文字学家、文献档案学家、教育学家沈兼士说："余以为文字之起源，实由记事之绘画。"我国著名的文字学家唐兰先生说："文字本于图画。"

与此大致相类似的是符号说，古文字学家于省吾认为陶文符号"是文字起源阶段所产生的一些简单文字。"郭沫若认为："刻划的意义至今虽尚未阐明，但无疑是具有文字性质的符号，如花押或者族徽之类，殷代青铜器上有一些表示族徽的刻画文字，和这些符号极其相似，可以肯定地说，就是中国文字的起源，或者中国原始文字的孑遗。"

裘锡圭《文字学概要》不同意他们的说法："这种符号所代表的绝不是一种完整的文字体系，这一点是十分明显的。它们有没有可能是原始文字呢？可能性也非常小。"

李学勤《古文字学初阶》中也明确提出："凡对简单的几何线条形符号用后世的文字去比附，总是有些危险，不能得到令人信服的结论。"

三、笔者观点

在笔者看来，这几种文字起源传说都或多或少有其道理，在文字的初创阶段，除了“神鬼献书说”神秘夸张太过之外，其他几种说法都曾起到一定的借鉴作用。

“仓颉造字说”也并非仓颉一人的功劳，大概仓颉之前的劳动人民在生产劳动中已经创造了零零散散的文字，只是不成系统而已，直到黄帝时期，他的史官仓颉将零碎的文字经过加工改造编辑成册，于是仓颉成了文字创造第一个集大成者。

“图画说”及“符号说”主要是现代学者的观点。相对来说文字起源于原始图画和记号显得更为科学，但也不是说上面所述的几种传说就毫无道理。总体上来说，文字的创造吸收了各种各样的经验，简单方便适用的造字方法往往就成了文字的主要来源。

思考探究

你认为本节课所讲的造字六法中哪种造字法造字功能最强大？

课堂小测

1. 下列不属于文字起源传说的是（　　）。

A. 仓颉造字　　B. 书契说　　C. 图画说　　D. 陶文说

2. 下面哪个字的甲骨文是用“象形”造出来的？（　　）

A. 老　　B. 想　　C. 日　　D. 臭

3. 下列不属于造字法的是（　　）。

A. 象形　　B. 指事　　C. 会意　　D. 转注

4. 下列属于指事字的是（　　）。

A. 母　　B. 高　　C. 木　　D. 强

5. 下列属于象形字的是（　　）。

A. 牧　　B. 武　　C. 日　　D. 想

创新设计

利用所学古文字知识设计一个团队或者企业 Logo。

第二节　书体演变

【知识框架】

- 汉字形体演变
  - 汉字形体演变规律
    - 图画到笔画、由繁而简、异体到定型
    - 偏旁类化、线条从圆曲到方折
    - 形义结合到形义分离
    - 形声造字方法主流化
  - 古文字：甲骨文、金文、大篆、小篆
  - 今文字：隶书、草书、行书、楷书

教学目标

知识目标：学习并掌握关于文字形体演变知识的基本体系。

能力目标：能够继续增益完善文字形体演变知识体系内容。

素质目标：深入认识方块字，体味文字里的中华文化，产生爱国情愫。

【经典举要】

《四体书势》（节选）

卫　恒①

秦既用篆，奏事繁多，篆字难成，即令隶人佐书，曰隶字。汉因②用之，独符玺、幡信、题署用篆。隶书者，篆之捷也。上谷王次仲始作楷法，至灵帝好书，时多能者，而师宜官为最，大则一字径丈，小则方寸千言，甚矜③其能。或时不持钱诣酒家饮，因书其壁，顾观者以酬洒直④，计钱足而灭之。每书辄削而焚其柎（fū）⑤，

---

① 卫恒（？—291），西晋书法家。字巨山，河东安邑（今山西省夏县）人。官至黄门侍郎，惠帝时为贾后等所杀。他出生在一个书法世家，祖卫觊、父卫瓘、侄女卫铄都是著名书法家。明代陶宗仪《书史会要》说他：善草、章草、隶、散隶等书体，但见于世的，多是他的草书。唐李嗣真《书后品》称他的书法纵任轻巧，流转风媚，刚健有余，便媚详雅。北宋《淳化阁帖》卷二收有他草书二行。《四体书势》1卷，是卫恒的书法理论著作，原文收入《晋书列传第六·卫恒传》，是存世最早和比较可靠的重要书法理论之一，有很高的史料价值。有关当时的各种书体、书史的演变，以及一些书法家代表的情况资料，大都赖此书得以保存。

② 因：顺着，沿袭。

③ 矜：自恃、自夸。

④ 顾：通“雇”。直：通“值”。

⑤ 柎（fū）：供写字用的木板或木片。

虎符

印章　皇后之玺

梁鹄乃益为柎，而饮之酒，候其醉而窃其柎。鹄卒以书至选部尚书。宜官后为袁术将，今巨鹿宋子有《耿球碑》，是术所立，其书甚工，云是宜官书也。梁鹄奔刘表，魏武帝破荆州，募求鹄。鹄之为选部也，魏武欲为洛阳令而以为北部尉，故惧而自缚诣门。署军假司马[①]，在秘书书勤书自效，是以今者多有鹄手迹。魏武帝悬著帐中，及以钉壁玩之，以为胜宜官，今宫殿题署多是鹄书。鹄宜为大字，邯郸淳宜为小字，鹄谓淳得次仲法，然鹄之用笔，尽其势矣。鹄弟子毛弘教于秘书，今八分[②]皆弘之法也。汉末有左子邑，小与淳、鹄不同，然亦有名。魏初，有钟、胡二家为行书法，俱学之于刘德升，而钟氏小异，然亦各有其巧，今盛行于世。

清代皇帝金玺释文：大清嗣天子宝

汉兴而有草书，不知作者名。至章帝时，齐相杜度，号称善作。后有崔瑗、崔寔，亦皆称工。杜氏杀字甚安，而书体微瘦；崔氏甚得笔势，而结字小疏。弘农张伯英者，而转精其巧，凡家之衣帛，必先书而练之。临池学书，池水尽墨。下笔必为楷则，常曰："匆匆不暇草书"。寸纸不见遗，至今世尤宝其书，韦仲将谓之"草圣"。伯英弟文舒者，次伯英；又有姜孟颖、梁孔达、田彦和及韦仲将之徒，皆伯英之弟子，有名于世，然殊不及文舒也。罗叔景、赵元嗣者，与伯英同时，见称于西州，而矜此自与，众颇惑之。故伯英自称："上比崔、杜不足。下方[③]罗、赵有余。"河间张超亦有名，然虽与崔氏同州，不如伯英之得其法也。

① 署：委任，任命。军假司马：两汉常设军职，乃军司马之副职。
② 八分：是隶书的一种，人们把带有明显波磔特征的隶书称为"八分书"。亦称"分书"或"分隶"。
③ 方：比。

文化链接

大篆

字体名。狭义专指籀文。广义指甲骨文、金文、籀文和春秋战国时通行于六国的文字。石鼓文一般也称大篆，是上承金文、下启小篆的一种书体。

小篆

小篆也称为“秦篆”。通行于秦代。形体偏长，匀圆齐整，由大篆衍变而成。东汉许慎《说文解字·叙》称：“秦始皇帝初兼天下……罢其不与秦文合者。（李）斯作《仓颉篇》，中车府令赵高作《爰历篇》，太史令胡毋敬作《博学篇》，皆取史籀大篆，或颇省改，所谓小篆者也。”今存（琅琊台刻石）、《泰山刻石》残石，即小篆代表作。

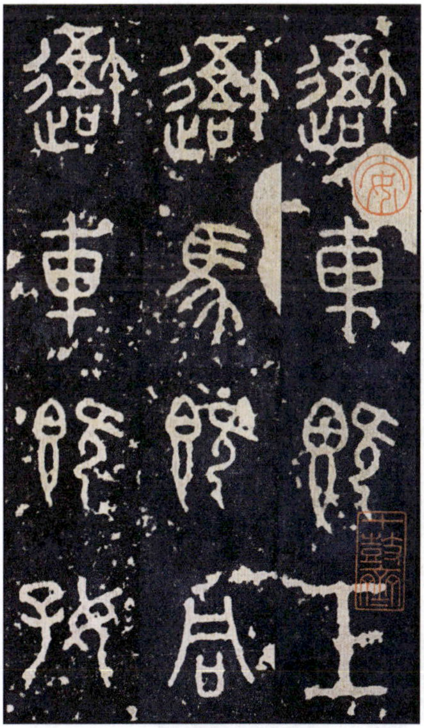

石鼓文

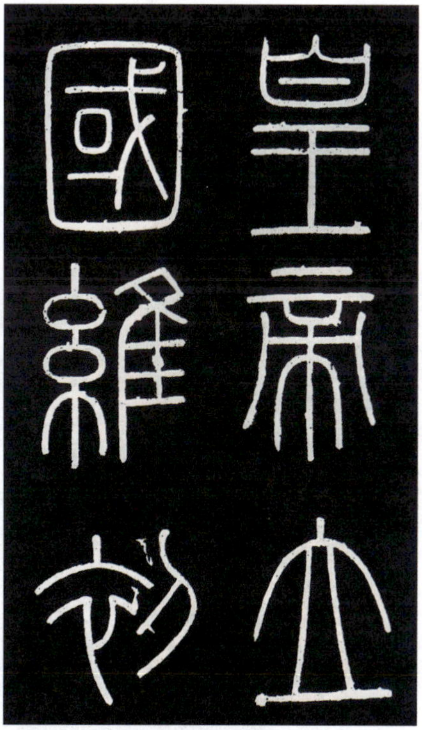

李斯　泰山刻石拓本

隶书

隶书也称“佐书”“史书”。字体名。形体扁平方折，便于书写。始于秦代，通用于汉魏。唐代张怀瓘《书断》引东汉蔡邕《圣皇篇》：“程邈删古立隶文。”晋代卫恒《四体书势》。“秦既用篆，奏事繁多，篆字难成，即令隶人（胥吏）佐书，曰隶字。”程邈将当时这种书写体加以搜集整理，后世遂有程邈创隶书之说。秦隶出于秦篆，字形构造仍有较多的篆书形迹，后在汉代通用中不断发展完善，成为笔势、结构与秦篆完全不同的字体。隶书的出现，冲破六书的造字原则，奠定楷书基础，标志着汉字演进史和书法史上的转折。魏晋时曾混称楷书为隶书，因别称有波磔的隶书为“八分”，湖北云梦出土的《秦律简》和汉《五凤元年十二月简》，即秦汉手写隶书的代表作。

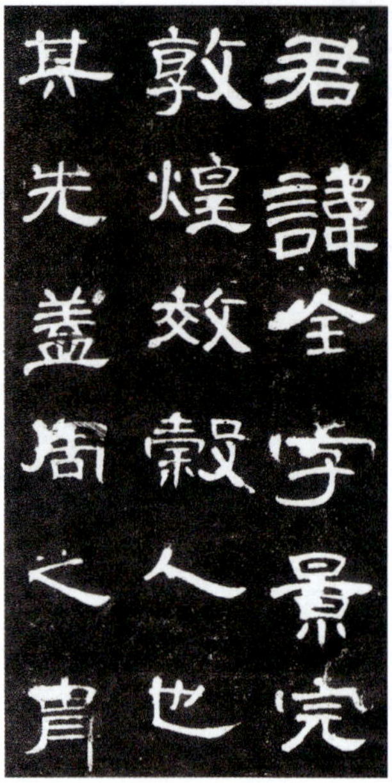

汉代《曹全碑》局部

草书

草书，字体名，别称“藁书”。广义指不论时代、字体，凡写法潦草者；狭义专指笔画连绵、书写便捷的字体。东汉许慎《说文解字·叙》称“汉兴有草书”。

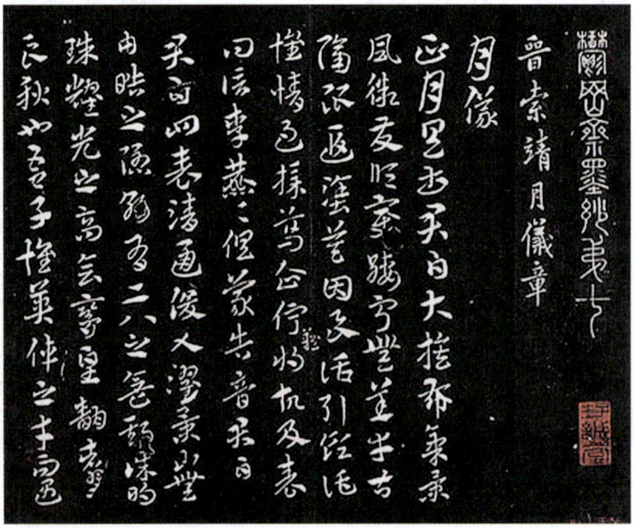

明拓《郁冈斋墨妙》卷七 ［索靖《月仪帖》］

汉初通行的手写体是草隶（即草率的隶书）。后逐渐发展成“章草”至汉末，相传张芝脱去“章草”中蕴有隶书波磔的笔画和字字不相连缀的形迹，成为偏旁相互假借，笔画连绵便捷的“今草”，即后世所称的草书。至东晋王义之而臻于完善。唐代中期张旭、怀素将“今草”写得更为放纵奇诡，笔走龙蛇，被称为“狂草”，以别于“今草”。

行书

行书的起源，相传有两种说法：一是据张怀瓘《书断》说：“行书者，乃后汉颍川刘德升所造，即正书之小讹，务从简易，故谓之行书。”由是说而知：“行书”是“正书”转变而成的。二是据羊欣《古来能书人名》云：“锺繇书有三体：一曰铭石之书，最妙者也；二曰章程书，传秘书，教小学者也；三曰行押书，相闻者也。河东卫觊的儿子卫瓘，采张芝法，以觊法参，更为草藁。草藁是相闻书也。”由是而知行书亦称行押书，起初当由画行签押发展而来。相闻者，系指笔札函牍之类。

楷书

楷书，又称正楷、楷体、正书或真书，是汉字书法中常见的一种字体。其字形较为正方，不像隶书写成扁形。楷书仍是现代汉字手写体的参考标准，也发展出另一种手写体——钢笔字。

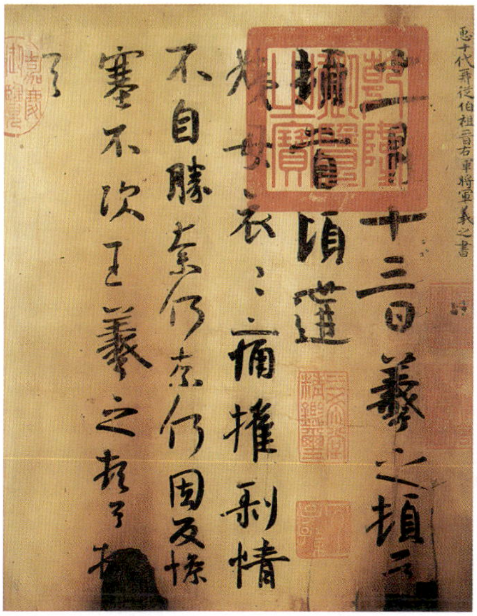

《姨母帖》行书（东晋　王羲之）

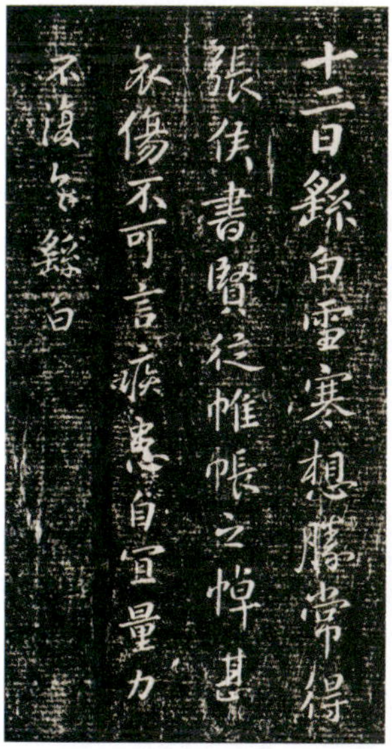

《雪寒帖》楷书（汉末三国　钟繇）

思考探究

书体演变有哪些规律？请概述这些规律。

课堂小测

1. 鲁迅先生曾说，中国文字“具有三美：意美以感心，一也；音美以感耳，二也；形美以感目，三也”。从汉字“龙”的四种书体的演变过程中，可以看出汉字（　　）。

①演变的总趋势是由繁到简；②由象形文字逐渐符号化，成为表音文字；③与书法相伴而生；④是世界上最古老的文字。

A. ①　　B. ①②　　C. ③④　　D. ②④

2. 秦始皇巡游各地前要向各地颁发圣旨，让各地作（　　）。

A. 金文　　B. 甲骨文　　C. 楷书　　D. 小篆

3. 商朝的书写材料主要有①龟甲②兽骨③青铜器④竹简（　　）。

A. ①②③④　　B. ②③④　　C. ①②③　　D. ①③④

4. 草书形成于（　　）。

A. 秦朝　　B. 汉朝前期　　C. 汉朝中后期　　D. 三国时期

5. 考古发现，出土的汉代竹简、帛书、石刻基本上都是（　　）。

A. 金文　　B. 小篆　　C. 隶书　　D. 楷书

6. 第一次发现甲骨文的是下面哪一位？（　　）。

A. 王国维　　B. 王懿荣　　C. 刘鹗　　D. 罗振玉

情景实训

举行一次书法创作比赛。利用比赛机会了解书法创作款式和内容注意事项。

第三节　书法之美

【知识框架】

- 书法艺术
  - 笔　法
    - 执笔：五指执笔法、枕腕、悬腕、悬肘
    - 运笔：中锋、侧锋、逆锋、裹锋
  - 结　字：平正安稳、向背分明、主次有序、重心稳定、修短适度、疏密匀停、争让得体、映带照应、参差有致、虚实互成
  - 章　法：定主宾之序、掌均变之衡、征节奏之美、懂疏密聚散、知大小曲直、驭圆缺参差、见开合呼应、求从顺自然、识空白之义
  - 气　韵
  - 内　容

教学目标

知识目标：能概括关于书法之法的各种元素相关知识的基本体系。

能力目标：能够继续增益完善书法元素知识体系内容。

素质目标：深谙书法文化里的蕴含的各种中华文化，产生爱国情愫。

【经典举要】

［壹］中国书法①

林语堂

一切艺术的问题都是韵律问题。所以，要弄懂中国的艺术，我们必须从中国人的韵律和艺术灵感的来源谈起。我们承认韵律是普遍存在的，并非中国人的专利，但这并不妨碍我们去探索一个不同的侧重点。在讨论理想的中国妇女时，笔者已经

① 节选自林语堂《吾国与吾民》。林语堂（1895—1976），中国现代著名学者、文学家、语言学家。福建龙溪人，早年留学国外，回国后在北京大学、厦门大学等著名大学任教，1966 年定居中国台湾，1976 年在中国香港逝世，享年 82 岁。他一生笔耕不辍，有《吾国与吾民》《风声鹤唳》《孔子的智慧》《生活的艺术》《京华烟云》等文化著作和长篇小说。

林语堂先生照片

指出，西方艺术总是到女性人体那里寻求最理想、最完美的韵律，把女性当作灵感的来源。而中国的艺术家和艺术爱好者则通常满足于高兴地赏玩一只蜻蜓、一只青蛙、一只蚱蜢或一块嶙峋的怪石。由此看来，西方艺术的精神较为耽于声色，较为热情，较为充满艺术家的自我；而中国艺术的精神则较为高雅，较为含蓄，较为和谐于自然。

我们可以借用尼采的话来说明它们的不同，中国的艺术是太阳神的艺术，而西方艺术是酒神的艺术①。这一巨大差别只有具备对韵律不同的理解与欣赏才能形成。无论在哪个国度，艺术问题总是韵律问题，这一点毫无疑问。但直到晚近，韵律才在西方艺术中起到决定性的作用。

而在中国，韵律一直占有举足轻重的地位——这一点也是毫无疑问的。

很奇怪，这种对韵律理想的崇拜首先是在中国书法艺术中发展起来的。

一幅寥寥几笔画出的顽石图，挂在墙上，供人日夜观赏。人们面对它沉思冥想，并得到一种奇异的快感。西方人士要想懂得此种快感，就非得懂中国书法艺术的原则不可。学习书法艺术，实则是学习形式与韵律的理论，由此可见书法在中国艺术中的重要地位。我们甚至可以说，书法提供给了中国人民基本的美学，中国人民就是通过书法才学会线条和形体的基本概念的。因此，如果不懂得中国书法及其艺术灵感，就无法谈论中国的艺术。比方说，中国的建筑，不管是牌楼、亭子还是庙宇，没有任何一种建筑的和谐感与形式美，不是源于某种中国书法的风格。

这样，中国书法在世界艺术史上的地位实在是十分独特的。毛笔使用起来比钢笔更为精妙，更为敏感。由于毛笔的使用，书法便获得了与绘画平起平坐的真正的艺术地位。中国人已经充分认识到这一点，他们把绘画和书法视为姐妹艺术，合称为“书画”，几乎构成一个单独的概念，总是被人们相提并论。假如要问二者之中哪一个得到了更多人的喜爱，回答毫无疑问是书法。于是，书法成了一门艺术。

---

① 尼采在《悲剧的诞生》中认为，由于希腊人意识到了个体生命的有限和现实生存的不幸，因而要在艺术中寻求解脱、其精神方式分为两类：一类源自阿波罗（Apollo）崇拜，即所谓“日神精神”；另一类源自狄俄尼索斯（Dionysus）崇拜，即所谓“酒神精神”。前者是个体化原则的守护神，它以一种梦幻般的手法制造出一种和谐、美妙的生活幻觉，通过凝视存在的形象以逃避变幻乃至死亡的痛苦；后者则剥去个体的表象而直通存在的本质，它要在一种醉态的境界中投身于表象背后的意志，并通过现象的毁灭以获得不断的新生。前者是精神的沉醉，表现为一种禁欲的对精神世界、宇宙本原的不顾一切的追求；后者是肉体的沉醉，表现为一种纵欲的对感性生活、肉体存在的忘乎所以的肯定。

人们对之投以的满腔热忱和献身精神，以及它丰富的传统，人们对它的尊崇，这些都丝毫不亚于绘画。书法标准与绘画标准一样严格，书法家高深的艺术造诣远非普通人所能企及，如同其他领域的情形一样。中国的大画家，像董其昌、赵孟頫等人，通常也是大书法家。赵孟頫（1254—1322）是最著名的中国画家之一。他在谈到自己的绘画时说："石如飞白木如篆，六法原与八法通，若也有人能会此，须知书画本来同。"

赵孟頫自画像

在我看来，书法代表了韵律和构造最为抽象的原则，它与绘画的关系，恰如纯数学与工程学或天文学的关系。欣赏中国书法，是全然不顾其字面含义的，人们仅仅欣赏它的线条和构造。于是，在研习和欣赏这种线条的兢力和构造的优美之时，中国人就获得了一种完全的自由，全神贯注于具体的形式，内容则撇开不管。绘画总有一个客体要传达，但一个写得很好的字却只传达其本身线条和结构的美。在这绝对自由的天地里，各种各样的韵律都得到了尝试，各种各样的结构都得到了探索。正是中国的毛笔使每一种韵律的表达成为可能。而中国字，尽管在理论上是方方正正的，实际上却是由最为奇特的笔画构成的，这就使得书法家不得不去设法解决那些千变万化的结构问题。于是通过书法，中国的学者训练了自己对各种美质的欣赏力，如线条上的刚劲、流畅、蕴蓄、精微、迅捷、优雅、雄壮、粗犷、谨严或洒脱，形式上的和谐、匀称、对比、平衡、长短、紧密，有时甚至是懒懒散散或参差不齐的美。这样，书法艺术给美学欣赏提供了一整套术语，我们可以把这些术语所代表的观念看作中华民族美学观念的基础。

由于这门艺术具有近 2000 年的历史，且每位书法家都力图用一种不同的韵律和结构来标新立异，这样，在书法上，也许只有在书法上，我们才能够看到中国人艺术心灵的极致。某些美学鉴赏范畴，如对参差不齐之美的尊崇，对那些乍看摇摇欲坠，细看则安如磐石的结构的尊崇，这些美学范畴会使西方人大为吃惊。如果他们知道这些范畴在中国艺术的其他领域中并不容易看到，他们就更会惊叹不已。

对西方来说，更有意义的事实是，书法不仅为中国艺术提供了美学鉴赏的基础，而且代表了一种万物有灵的原则。这种原则一经正确地领悟和运用，将硕果累累。如上所述，中国书法探索了每一种可能出现的韵律和形式，这是从大自然中捕捉艺术灵感的结果，尤其来自动物、植物——梅花的枝丫、摇曳着几片残叶的枯藤、斑豹的跳跃、猛虎的利爪、麋鹿的捷足、骏马的遒劲、熊罴的丛毛、白鹳的纤细，或者苍老多皱的松枝。于是，凡自然界的种种韵律，无一不被中国书法家所模仿，并直接地或间接地形成了某种灵感，以造就某些特殊的“书体”。如果一位中国书法家在一棵枯藤之上看到了某种美，它那不经意的雅致，可伸可缩的韧性，枝头弯弯曲曲，几片叶儿悬挂其上，漫不经心，却又恰到好处，他就会把这种种的美融于自己的书法之中。

如果另一位书法家看到一棵松树树干弯曲、树枝下垂而不直立，表现出一种惊人的坚韧和力量，他也会将这种美融入自己的书法风格。于是，我们就有了“枯藤”和“劲松”的笔法。

曾经有一位名僧兼书法家先前习书多年却无长进。一天，他闲步于山径之间，偶见两条大蛇在争斗，各自伸长脖颈，颇有一股外柔内刚之势。他猛然有所感悟，顿生灵感，回去后便练就了一种极有个性的书体，称作“斗蛇”体，表现了蛇颈的伸展和弯曲。中国的“书圣”王羲之在谈书法艺术时，也使用了自然界的意象：每作一横画，如列阵之排云；每作一戈，如百钧之弩发；每作一点，如高峰坠石；每作一折，如曲折钢钩；每作一牵，如万岁枯藤；每作一放纵，如足行之趋骤。

如欲通晓中国书法，必先仔细观察蕴藏在每个动物体内的形态和韵律。

每种动物都有其和谐优美之处，这是一种直接出自其生理机能，尤其是运动机能的和谐。一匹腿部多毛，躯干高大的负重拉车之马，有其独特的美，正如一匹光滑灵巧的赛马有其独特的美一样。这种和谐还存在于身体细长、蹦蹦跳跳、快速灵

怀素学书图

活的灵提犬身上，也存在于长毛的爱尔兰梗身上：它的头和四肢在一起几乎构成了一个方形物，极似中国书法中的“隶书”（流行于汉代，后由清代邓石如发展成为一种艺术）。

有一点很重要，需要注意。这些动植物的外形之所以美，是因为它们蕴藏着一种动势。试想一枝盛开的梅花，具有多么不经意的美丽和充满艺术感的不规则变化！彻底而艺术化地领悟这种美，就等于领会了万物有灵的内在原则，领悟了中国艺术。这枝梅花，即使花朵凋谢或被拨落，仍然美丽无比，因为它还活着，因为它表达了一种生的冲动。每一棵树的外形都显示了一种韵律，它源自某种生命的冲动，它要生长，要拥抱阳光，要保持自己生命的平衡；它也源自抵御风暴的必要。每一棵树都是美的，因为它暗示了这些冲动，尤其是暗示了一种朝某个方向的运动，一种向某个地方的延伸。

它并没有想美，它只是想生存，结果却是极端的和谐与令人十分满意的美。

大自然给予灵猩犬以高度弯曲的身躯和一条连接身体与后腿的曲线，以使它跑起路来迅捷无比。除此之外，大自然并没有人为地赐给它什么抽象的美，这些器官之所以美，是因为它们代表了某种速度，从这些和谐的器官中产生了一种和谐的形式。猫儿轻柔的举动，导致了其柔软的外形。即使是一只固执地蹲伏在那里的叭喇狗的线条，也能反映出它本身力大性猛的美。这样，我们就解释了自然界无穷无尽的形态，这些形态总是那么和谐、那么富有韵律，变化万端，无以穷尽。换言之，自然界的美是动态的美，而非静态的美。

这种运动的美正是理解中国书法的钥匙。中国书法的美在动不在静，由于它表达了一种动态的美，它生存了下来，并且也同样是千变万化，不可胜数的。迅捷稳重的一笔之所以是完美的，是因为它是速度和力量的象征。不能模仿，不能更改，因为任何更改都会带来不和谐。这也就是为什么书法作为一门艺术非常难学的原因。

把中国书法的美归结为万物有灵原则，并非著者的独创。汉语中的不少说法可资证明和参考，比如笔画的“肉”“骨”“筋”等。其哲理性内涵从未被有意识地揭示出来过。只有当我们想方设法使西方人理解中国书法时，我们才开始探索。王羲之曾从师的东晋女书法家卫夫人说过：善笔力者多骨，不善笔力者多肉。多骨微肉者，谓之筋书；多肉微骨者，谓之墨猪。多力丰筋者圣；无力无筋者病。

运动的动态原理生发出一种结构原理，这是理解中国书法的要旨。单纯的平衡匀称之美，绝不是美的最高形式。中国书法的原则之一，即方块字绝不应该是真正的方块，而应是一面高一面低，两个对称部分的大小和位置也不应该完全相同。这条原则叫作“势”，代表着一种冲力的美，结果，在这种艺术的范型中，我们有了不少看似不平衡，实际却十分平衡的结构形态。

这种冲力之美与纯静态之美的区别，有如一个人站立或静坐之图景，与挥舞高尔夫球棒或把足球猛一脚踢上天时的图景的区别。又如一位女士把头往后一仰的照片，要比她正视前方的照片动态感更强。所以中国字笔画起端总是侧向一方，这比平平地划过去要艺术得多。这种结构的范例可见于《张猛龙碑》，其中字体似有倒塌之势，却又能很好地保持平衡。这种书体的现代范式可见于监察院长于右任的字，他个人有今日的高位，在很大程度上得益于自己高级书法家的名望。

《张猛龙碑》局部

现代艺术正在探索各种韵律，试验各种新的结构形式，但至今尚无所获。

它唯一的成功是给予我们一种逃避现实的印象。它最为明显的特征，不是努力抚慰我们的心灵，而是竭力刺激我们的感官，由于这一原因，对中国书法及其万物有灵原则的研究，归根结底也就是在万物有灵或韵律活力的原则指导下，对自然界韵律所进行的再研究，它会为现代艺术开辟广阔的前景。直线、平面和锥体的相互交错和反复运用，可以使我们激动不已，却不具备生动活泼的美。正是这些平面、锥体、直线和曲线，看来已经使现代艺术家的才智衰竭了。何不回归自然，向自然求救呢？看来有待于一些西方艺术家不畏艰险，开始练习用毛笔写英语。练上 10 年之后，如果他天资聪慧，真正弄懂万物有灵原则的话，他将可以用真正称得上一门艺术的线条和形式在泰晤士广场上书写招牌和广告牌。

中国书法作为中国美学的基础，其中的全部含义将在研究中国绘画和建筑时进一步看到。在中国绘画的线条和构思上，在中国建筑的形式和结构上，我们将可以分辨出那些从中国书法发展起来的原则。正是这些韵律、形态、范围等基本概念给予了中国艺术的各种门类，比如诗歌、绘画、建筑、瓷器和房屋修饰，以基本的精神体系。

[贰]《在美术研究所座谈会上的讲话——1984年9月10日于恭王府》[1]（节选）

熊秉明

熊秉明先生照片

不过在研究书法形质的时候，最好暂时把文字内容的问题撇开。不能辨读的书法，我们也可以觉得它好。我们临帖习字的时候，也并不去注意文字内容。

我想书法代表中国文化最核心的部分，可以说是核心的核心[2]。中国艺术在世界上独树一帜，而书法呢，是最独特的，别的国家都没有，而在中国人生活中却极为重要。我们从小学写字，一直到老。古人一早起来写字，把写字当作修养身心的手段。在最酣欢的时候写字，在最痛苦的时候写字。有一个学科学的朋友讲起他在"文革"的时候，深夜爬起来偷偷地练字，在最绝望的时候，竟可以依赖写字重新得到生的勇气。书法的应用较广，从实用到装饰，从自由表现到神圣的象征都有，所以书房里有字，客厅里有字，杯盏碗筷上有字，枕头上有字，大门上有字，殿堂上有字，神庙里有字，名山危岩上有字……通过书法的研究，可以回答很多有关中国文化上的问题。

诸位研究书法，研究中国文化核心的问题，无疑是一桩极重要的工作，不过又是很艰难的工作。因为这个问题，对于中国人来说，太切肤了，自己认识自己是不容易的，自己剖析自己更难下手，所以一定要寻求一个明确的方法。这是我所要特别强调的。

文化链接

书法是文化不是技术

陈传席

中国历代是非常重视文化的。孔子说："志于道，据于德，依于仁，游于艺。"认为艺术是一种游戏，被排在了最后。

中国人写字、画画都用一支毛笔，公事之余要在宣纸上写写画画。中国的文人

---

① 选自熊秉明著《中国书法理论体系》，四川美术出版社，1990年7月版第167页。

② "书法代表中国文化最核心的部分，可以说是核心的核心。"熊秉明先生的这个提法受到学术界的争议，支持者甚多，反对者也有。

将这些当作是业余爱好，以自娱自乐为主。

陈传席先生照片

尽管古人不愿做专业的书法家，但是字写不好也是相当丢人的。古人重视书法，因为书法是学问。苏东坡说“论画以形似，见与儿童邻”，就是说，如果画画只以形似为基准，只是儿童的见识。我曾提出搞艺术的要有民族、现代、个人三个特性，这主要是针对绘画提出的。但不论书法还是绘画，没有这三个风格就不能成为大家，如此看来，提出这三个特性对书法也是有用的。

书法是中华民族的传统文化，如果没有民族的特色，创作就没有了传统的根基。有了民族特色以后还要有时代特色，把古人的东西都临摹一遍，即使临得很像也没有用，因为不是现在的东西，没有时代的特征。在民族特色和时代特色的基础上，还要有个人的特色。唐楷就是时代特色，与秦汉和魏晋都不一样，在唐楷的基础上，又有颜真卿、柳公权的特色。这种个人特色在时代的基础之上自然形成，在群体的特色之上加注自己的东西。如果脱离了民族特色和时代特性，个人风格就会产生怪诞的形式。

书法必须有民族传统，就是说光是写写字，形成不了艺术。书法如何体现时代确实是个问题，我认为，现代人写出的汉隶和唐楷还是属于现代的东西，比如启功的书法，既是传统的，又是现代的，同时也是个人的风格。如果一个人的修养到了，字也写好了，就肯定会有这三个特色。不要一拿笔就想写出个人特色，那样只会搞花样，而花样不是特色，不是风格。要想达到民族的、传统的特性，需要很丰厚的基础，再加上有学问，自然有个性出现。

书法的最高境界是散和淡。散是散怀，淡是自然，这也是以涵养和学问作为基础的。书画实际上就是个人表现，这个个人表现要综合地分析，不是用墨一泼、大笔一挥的个人表现。字要写得好，一定是技巧与气质、风度、学识多方面的结合。一个人有学问，在字里面就表现学问，一个人老老实实，在字里面就表现老老实实，这是一个精神状态的反映。一个人如果喜欢喝酒、性格豪爽，那么适合画大写意，画工笔不会很好；反之，一个慢性子、脾气缓的人画工笔就会很到位。艺术作品中“散”到什么程度、“淡”到什么程度，表现了个人修养和境界到达什么程度。魏晋风度以潇洒、直率为主，唐代就以严整和规矩为主，因此书法风格完全不同，达到的境界也不相同。历代的书法大家没有一个是因为做作和不自然而达到很高境界的，这也体现了散和淡。

要想在书法上有所成就，没有好的修养和博大的胸怀是不行的，如果一个时代有了许多大艺术家，表明这个时代的修养和胸怀是与众不同的。所以书法和绘画是一个时代的折射，像镜子一样，能够看出这个时代是否了不起，体现了一个国家、一个民族的精神面貌。从这一点来看，书画又是一个不可忽视的大问题。

书法家应该是有学问的人。光练技巧，想着赶紧把字写好，结果还就是写不好。书法既不能不讲技法，又不能光讲技法，老是在技巧上下功夫，就会走向歪门邪道。书法的技巧如果不故弄玄虚的话，一天就讲完了，但练起来却是一辈子的事情。没有文化，书法基础只能越来越差。现在有些人二三十岁时就把字写得很好了，但却越写越不如原来了。这是因为年轻时字写得很好，再加上有朝气，自然不错。但等到年龄大了，朝气没有了，要搞自己的特色了，如果没有学问，写的字反而没有以前好了，体现出混气和老气。

文化是中国书画的基础，像于右任、林散之的书法，都是有内涵、有修养的体现。古人在文化上下功夫，做学问是为提高自己的道德修养，丰富自己，做事就会工稳，书法自然也会好起来，读书可以使笔下更有内涵。

于右任先生照片

现在有许多人不读书、不看报、不关心国家大事，就琢磨着争名夺利，笔下流露出来的境界自然不高。有些年轻人技巧已经够了，缺少的是把传统认真读过，然后融化到自己的性情当中。中国是一个有特色的国家，这个特色就是继承，书法就是要继承，没有继承就没有书法。要把书法搞好，不要搞那些怪的东西，只要把传统搞好就行了。

书画从古至今都没有像现在这样热过，从来没有像当今一样有这样多的人从事书法与绘画。但是，大需要才能有大成就，所以多读书、多提高自己的修养就可以改变表面过热、实则务虚的现象。

（转引自《北京商报》2017 年 2 月 10 日第 D02 版）

思考探究

你认为中国书法蕴藏了中国最核心的文化是什么？

课堂小测

1. 书法章法又称（　　）。

A. 章程　　B. 款式　　C. 布白　　D. 布法

2. 隶书萌芽于（　　）时期。

A. 战国　　B. 秦代　　C. 汉代　　D. 南北朝

3. 隶书传为秦官吏（　　）在狱中所创。

A. 程过　　B. 程邈　　C. 关乡　　D. 贸待

4. 金农以齐头笔侧锋写隶书，号称（　　）。

A. 刀书　　B. 漆书　　C. 侧书　　D. 齐书

5. 史传颍川（　　）创造了行书字体。

A. 刘玉章　　B. 王羲之　　C. 刘德升　　D. 王献之

情景实训

请你仿照书法的经典款式创作一幅书法。软笔硬笔不限，载体不限，只要领会到书法的精神意蕴就行。

第三章 文学之美

【知识框架】

文学
- 文学体裁：小说、散文、诗歌、戏剧
- 小说流变：神话传说、志人志怪、传奇、话本、演义
- 小说种类：武侠、推理、历史、言情、科幻、奇幻、玄幻、探险、恐怖、艳情、讽刺、神怪、笔记、电影、架空历史、网游、轻小说、军事、修真、穿越、低俗
- 诗歌流变
  - 古体、近体、现代
  - 两言、三言、四言、五言、七言
- 散文种类：叙事、抒情、哲理、写景
- 散文样式：杂文、短评、小品、随笔、速写、特写、游记、通讯、书信、日记、回忆录
- 戏剧艺术手段：唱、念、做、打
- 戏剧涉及的艺术：文学、美术、表演、音乐、舞蹈

教学目标

知识目标：掌握中国文学发展简史以及文学体裁种类。

能力目标：能够初步欣赏中国文学中的美感。

素质目标：培养学生对中国文学的鉴赏能力，对中国文学产生阅读兴趣。

第一节　小说之美

【知识框架】

小说
- 文学体裁：小说—散文—诗歌—戏剧
- 小说流变：神话传说—志人志怪—传奇—话本—演义
- 小说种类：武侠、推理、历史、言情、科幻、奇幻、玄幻、探险、恐怖、艳情、讽刺、神怪、笔记、电影、架空历史、网游、轻小说、军事、修真、穿越、低俗
- 小说三要素：人物形象—故事情节—环境
- 小说刻画人物方法：心理描写—动作描写—语言描写—外貌描写—神态描写

【经典举要】

女巫的面包

欧·亨利[①]

欧·亨利照片

在街道的拐角处有一家面包店，每当有顾客登上门口的三个台阶，推开门时，门上的小铃铛就会丁零丁零响。这家小店的老板是四十岁的玛莎·米查姆小姐。她不仅拥有这家店，还拥有两千元的存款，以及两颗假牙和一颗多情的心。那些嫁出去的女人们，生活条件也远不如玛莎小姐。

在光顾这家面包店的客人之中，有一位中年男士引起了玛莎小姐的兴趣，并且逐渐对他产生了好感。他每周都会很固定地来这家店两三次。他的鼻子上总是架着一副眼镜，显得很斯文，另外他那棕

① 欧·亨利：（1862 年 9 月 11 日—1910 年 6 月 5 日），原名：威廉·西德尼·波特，美国批判现实主义作家，出生于美国北卡罗来纳州格林斯伯勒，美国现代短篇小说之父、世界三大短篇小说大师之一。其创作题材以美国大城市的生活为主，聚焦大城市中的小人物形象，构思新颖，语言诙谐，结局常常出人意料（即“欧·亨利式结尾”）。他的代表作品有《麦琪的礼物》《最后一片叶子》《警察和赞美诗》等。

色的胡须也是被精心打理过的。虽然他身上的衣服到处都是被缝补过的痕迹，并且满是褶皱，但是他的外表却很整洁、端庄；他所说的英语虽然带有很重的德国口音，但是对人却彬彬有礼。或许可以这样说，他虽衣着古怪，但器宇不凡。

他每次来面包店，只买两个不新鲜的面包（陈面包），除此之外，他没买过任何东西。当然，新鲜的面包五分钱一个，而不新鲜的面包则是五分钱两个。

有一次，当这位男士又来买面包的时候，玛莎小姐看到他的手指上有一块红褐色的颜料，这一发现使玛莎小姐浮想联翩，她觉得他一定是一位落魄的艺术家，他没有钱买新鲜的美味，只能一边在阁楼上作画，一边啃食着不新鲜的面包。玛莎小姐想，他一定很想吃到鲜美的食物。这种感觉尤其在玛莎小姐品尝着美味时更甚。每当她吃着牛排、新鲜的面包卷、果酱，喝着红茶时，她都会为那位落魄的画家感到悲伤，她甚至想和他一起共进这一餐，而不是让一位才华横溢的画家独自在闷热的阁楼里啃着那又干又硬的面包。是的，这就是玛莎小姐，善良而又多情。

玛莎小姐为了验证自己的想法，她特意将一幅很早之前在拍卖会上买下的油画放到了蛋糕店柜台后面的架子上。在此之前，这幅画一直被保存在她的房间里。这是一幅非常美丽的威尼斯风景画。威尼斯是有名的水城，它因水而生，也因水而美，所以画面的近景处是一座壮丽的大理石宫殿，它耸立在水面之上。画面上还有几艘小船穿梭于水上都市，其中一艘小船上有位妇人正饶有兴致地用手撩动着水面，四周荡起一圈圈涟漪。远处的天空中飘着几片云朵。无论是色彩的运用，还是明暗的对比都彰显出画家卓越的功力。只要是懂画的艺术家，都会被它深深吸引。

在这幅画被摆出后的第三天，那位男士又来了。他习惯性地说："我要两个陈面包。"玛莎去给他包面包的时候，那位男士的目光停留在那幅画上，之后不自觉地说，"夫人，您的这幅画很棒。"

玛莎尽量让自己保持自然地说："是吗？我一直都很喜欢艺术和绘画，你觉得这幅画很好吗？"其实在玛莎的心中想说的是"我一直都喜欢艺术家"，只是理智让她压抑住了内心的欣喜，并且她也认为现在就说他是艺术家也不是很妥当。那位男士说："是的，只是这个宫殿的透视法用得不是很好，显得不真实。好了，夫人，我走了，再见。"他拿起面包，礼貌性地欠身行礼，之后很快地走出了这家店。

玛莎在确认了他是一位艺术家后，便将那幅画又重新搬回了自己的房间。镜片后面的目光是那样的温柔，又是那样的锐利，他一眼就能看出这幅画的缺点是什么。然而就是这样一位才华横溢的人居然要靠那么陈旧的面包充饥度日。是的，一个人在成功之前，一定要有一段艰苦奋斗的过程，即使那个人是天才。

不过如果天才能有一位好心人的支持，而这个好心人又有两千元的存款、一家面包店，那么他将在艺术上取得多大的成绩啊！然而，这一切不过是玛莎小姐的幻想而已。

在此之后，那位男士每次来买面包的时候，都会与柜台里的玛莎小姐聊上一会儿，似乎他很喜欢，甚至是有些渴望听到玛莎小姐那些令人愉快的语言。只是，他仍然只买不新鲜的面包，从来没买过店里的其他美味。

玛莎小姐觉得他越来越瘦了，精神也变得很糟糕，甚至有些颓废。她很想送给他一些别的更新鲜更有营养的食物，但是她又怕自己的这种行为会伤害一位艺术家的自尊心。因为她知道，艺术家都是高傲而敏感的。

玛莎小姐开始注意自己的妆容了。站在柜台里的时候，她总是穿上那件她最喜欢的带蓝色点点的丝质背心；在后厨的时候，她也会熬制一种大家都会用的养颜汁液，是一种神秘的草籽和硼砂的混合物。

这一天，那位男士又来这家店买陈面包，他很自然地将五分钱放到了柜台，而玛莎小姐也当然知道他的习惯。就在玛莎小姐给他取面包的时候，店铺外面一片嘈杂的声音响起。伴随着警笛声，一辆消防车从窗前驶过，所有的顾客都下意识地往窗外瞧。这对于玛莎小姐来说，真是个千载难逢的机会。乳品店的师傅刚刚送过来一磅新鲜的黄油，它们现在就在柜台后面的最下面一层的货架上。玛莎小姐灵机一动，快速地将这两个陈面包切开，满怀热情并且十分慷慨地将两片黄油塞了进去，之后又快速地将面包贴好、压好。这一切都做得天衣无缝。当那位男士转过头来取面包的时候，玛莎小姐已经将面包包好，并且递给了他。

他们两个人习惯性地聊了一会儿，之后那位男士便离开了这家小店。玛莎小姐此时的心情就像一位怀春的少女，她有一种幸福和窃喜的感觉，但是她也有一种担心。她担心这位艺术家会不领情，她怕他会生气。但是后来，她自我安慰道："不会的，他一定不会生气的。只是食物而已，食物是不会侮辱人的。而且，黄油又不是定情信物，不会有失自己的身份。"

整整一天，玛莎小姐都在琢磨这件事情。她一直在想当这位男士切开面包之后，看到那些新鲜甜美的黄油时，会是一种怎样的反应。玛莎小姐想象着这样一个场景：那位男士在阁楼里凝视着自己的画作，这幅画的透视法肯定运用得非常好。他慢慢地放下笔，准备吃些东西再继续作画。当他切开面包的那一刻，他会很惊讶。想到这里，玛莎小姐的脸有些红了，因为她猜想着这位男士在品尝美味的同时，会不会想起她呢？他会不会……

在这个时候，玛莎小姐的思绪被一阵急促的铃铛声打断，她抬起头，看到两位男士已经站到了柜台前。其中一位就是那个艺术家，而另一位年轻人她没见过，那个人叼着个烟斗。那位艺术家的脸涨得很红，帽子只是轻轻地挨着他的后脑，头发被抓得乱七八糟。玛莎小姐赶紧过去，那位艺术家则将紧握的拳头恶狠狠地挥向她，并且狂暴地喊着："笨蛋。"一句"笨蛋"显然不解恨，他又骂了一句德语，意思应该是她该被千刀万剐。

他太冲动了，以至于他旁边的那位年轻人不得不上前去拖走他，而他则气愤地喊道："我不走，我要问个清楚。"一声巨响，他用尽所有的力气将自己的拳头砸在了玛莎小姐的柜台上。他大声地质问："你为什么要毁我！你这个八婆，你这个爱管闲事的巫婆。"

玛莎小姐被吓坏了，她整个人瘫软在货架旁，另外一只手还按着自己身上的那件丝绸背心。那位年轻人赶紧过来抓住了他同伴的衣领，并且说："我们走吧，你已经骂够了。"他把那位疯狂的同伴连拖带拽地弄出了面包店，自己又走了进来。

他说："夫人，我想我应该告诉你刚才发生的一切是怎么回事。刚才那个人是我的一个同事，他叫布卢姆伯格。我们都是建筑师。在这三个月中，他一直在为一项比赛做准备，也就是绘制一份新市政厅的平面规划图纸。绘制图纸时，我们通常都是先用铅笔打个草稿，之后再描好。而擦掉铅笔痕迹的最好工具就是陈面包屑，它们比橡皮好用得多。然而，他昨天刚刚描好了图纸，正打算用面包屑擦掉铅笔的痕迹，可是……您知道的，他刚刚在您这里买了陈面包，但是面包里却有黄油。他一直在这里买陈面包都没什么事，可偏偏这次，他马上就要完成了。现在那张图纸已经变成废纸了，它仅剩下的用途或许就是去包装三明治了。"

玛莎小姐听完这件事的整个过程，默默地走到后面的房间。她重新穿上了那件老旧的棕色衣服，换下了丝质的背心。紧接着她又将她精心熬制的美容养颜的汁液倒进了窗外的垃圾桶中。

文化链接

小说鉴赏技巧

（一）明确特点，确定方法

我们知道，语文教学应根据各种文体的不同特点采取与之相适应的教学方法，小说教学也是如此。那么小说应采用何种方法进行教学呢？要回答这个问题，首先必须明确小说的概念及特点。小说以刻画人物形象为中心，通过完整的故事情节和具体的环境描写来反映社会生活，人物、情节、环境构成小说的三要素。三要素中，人物形象是小说教学的中心，故事情节和环境描写都是为刻画人物形象服务的。根据小说的特点，可以确定了小说鉴赏的三个环节：即从分析故事情节入手，进而分析人物形象，然后欣赏小说的艺术手法（重点是环境描写）。

（二）理清线索，把握情节

人物形象虽然是小说的中心，但是人物形象是建立在一定的故事情节的基础上的，因此，阅读鉴赏小说必须从故事情节这个环节开始，只有熟悉故事情节，才能把握人物性格，分析人物形象。

众所周知，散文的特点是“形散而神不散”，散文必须有一条线索贯穿全文。小说也是如此，小说的故事情节也是由线索贯穿起来的，所以阅读鉴赏小说的第一步应该是理清线索。如莫泊桑的《项链》就是以“项链”为线索展开故事情节的，全文以“借项链→失项链→赔项链→发现项链是假的”组成全文的故事情节；又如《林黛玉进贾府》一文以“林黛玉进贾府的行踪”为线索展开故事情节的，全文依次介绍了林黛玉进贾府拜见贾母→初见王熙凤→拜见两位舅父→宝黛相会等情节；再如《守财奴》一文是以“葛朗台对待家庭财产的态度”为线索组织材料的，先后写了“抢夺梳妆匣”“诱骗继承权”和“看守密室”三个故事。

1987 版电视剧《红楼梦》剧照——贾宝玉与林黛玉

大多数小说全文只有一条线索，而有的小说则有两条线索。如鲁迅的小说《药》就是有明、暗两条线索，以华家的故事为明线，以夏家的故事为暗线，组织材料，展开故事情节的。明线按故事情节发展依次写了华老栓买“药”→华小栓吃“药”→茶客谈“药”→华大妈上坟四个部分；暗线则依次写了夏瑜就义→夏瑜的血被吃→茶客谈夏瑜→夏四奶奶上坟四个部分。

小说的故事情节一般由开端、发展、高潮、结局四个部分组成，但有些小说前面还有序幕，或者后面有尾声。如《项链》开头写玛蒂尔德的“痛苦”和“梦想”就属于序幕部分。有些小说故事主体不是完全按开端、发展、高潮、结局组成。如《项链》一文最后发现项链是假的既是高潮又是结局。而《守财奴》一文的三个故事就同属于发展高潮部分。

还有的小说，情节写得一波三折，故事情节由几次高潮组成。如《林黛玉进贾府》中，林黛玉与众亲戚见面就同属于发展高潮部分。全文有两次高潮，王熙凤出场是第一次高潮，宝黛相会是第二次高潮，也是最高潮。《林教头风雪山神庙》一文中，“陆虞侯密谋害林冲”和“风雪夜山神庙复仇”就是两次高潮，而在两次高潮之间则有一个过渡（低潮）——林教头接管草料场。因此文中的情节结构为开端→发展→过渡→高潮结局。

由此可知，小说鉴赏首先必须理清线索，在理清线索的基础上把握故事情节。而小说的故事情节并非千篇一律地由开端、发展、高潮、结局四个部分组成，会有各种不同的结构，这是小说鉴赏必须使学生明确的问题。

（三）掌握手法，分析人物

如果说小说教学的第一步是要求学生理清线索，把握情节的话，那么掌握小说刻画人物性格的手法，分析人物形象是小说教学的中心环节，而小说刻画人物性格的手法有哪几种呢？小说刻画人物性格的手法多种多样，有肖像描写、语言描写、行动描写、神情描写、心理活动描写、细节描写、正面描写、侧面描写等。因此分析人物形象时，首先要求学生明确作者是通过哪些手法刻画人物的？如《林黛玉进贾府》中作者着力描写了贾宝玉、林黛玉、王熙凤三个人物，这三个人物主要是通过肖像描写、语言描写和动作描写来刻画人物性格的。林黛玉的外貌通过众人眼中的林黛玉、王熙凤眼中的林黛玉和贾宝玉眼中的林黛玉三次描写，既写出了林黛玉的体弱多病、弱不禁风的一面，又揭示了她容貌标致、美丽多情而又多愁善感的一面。而林黛玉的语言、动作描写既表现了她注意礼节、顾全大局、办事小心谨慎的性格，又表现了她心态复杂多疑的一面。

除了外貌、语言、动作描写以外，有些小说还较多地运用了心理活动描写。比较典型的是《项链》，文章开头序幕部分用了大段的心理描写，写玛蒂尔德的“痛苦”和“梦想”，一共七次用了“梦想”一词，多次用“痛苦”“苦恼”“伤心”来刻画玛蒂尔德的心理，揭示她爱慕虚荣的性格特点。

一般说来，外国小说擅长刻画人物的心理，而中国小说特别是中国古代小说擅长人物的行动描写，但在中国近现代小说中对人物心理活动的描写也比比皆是。如鲁迅小说《药》中刻画华老栓的性格也用了较多的心理描写。老栓去买药及买药回来路上的有关心理活动描写，刻画了华老栓的“爽快”“自信”“深感幸福”的心理，从而表现了他愚昧、麻木的性格特点。

小说刻画人物性格有一种非常重要的手法，那就是细节描写。如《守财奴》中葛朗台临终抓住法器和嘱咐女儿“到那边去向我交账”两个细节形象地刻画了葛朗台至死不渝的守财奴性格。《陈奂生上城》中陈奂生三次坐弹簧太师椅的细节；拿提花枕巾擦汗、衣服也不脱，盖上被头就睡的细节也给人留下深刻的印象，既表现了他勤俭的一面，又揭示了他“自私狭隘”的一面。

小说描写人物大多采用正面描写，但有时作者还采用侧面描写与正面描写相结合的手法来刻画人物性格。如《药》中华老栓和康大叔两个人物属正面描写，而夏瑜这一人物则是通过侧面描写来刻画的。文中刑场上及狱中的描写都属侧面描写。通过侧面描写来表现夏瑜英勇无畏、大义凛然的英雄气概和至死不渝的革命精神。

（四）鉴赏环境，概括作用

环境描写是小说的三要素之一，是小说鉴赏不可缺少的环节。环境描写包括自然环境描写和社会环境描写。自然环境描写主要包括人物活动的时间、地点、景物等。如鲁迅的小说《药》开头“秋天的后半夜，月亮下去了，太阳还没有出来，只剩下乌蓝的天……”这一自然环境描写既勾勒出黎明前黑暗时刻的特征，同时也渲染了夏瑜就义时肃杀、悲凉的气氛。还有“太阳出来了，在他面前，显出一条大道，直到他家中……”这一环境描写刻画了老栓买到药后的兴奋心情，从而揭示了人物愚昧、麻木、落后的心理。还有小说第四部分运用比喻手法写坟场的环境，层层叠叠的坟冢，表现了清政府对革命者残酷镇压和对劳动人民的阶级压迫，揭示了封建社会吃人的本质。

小说除自然环境描写之外还有社会环境描写。如《药》中刑场上围观的场面，士兵号衣上的大白圈，还有夏瑜说的“这大清的天下是我们大家的”等渲染了时代特征，说明了这是资产阶级民主革命的时期。

《林教头风雪山神庙》中对风雪的描写，作者从不同角度写风雪：有正面描写，有侧面描写，有通过人物动作、感觉写风雪，既写出了大雪的气势，也衬托了林冲这个落难英雄的处境。同时作者也以风雪的变化层层推动故事情节的发展。正因为风大雪紧，林冲才要喝酒，才会在沽酒途中见到山神庙；正因为风大雪紧，草厅才会被摇振、压倒；正因为草厅被压倒，林冲才会到山神庙安身；正因为在山神庙安身，林冲才会暗中听到陆谦三人的话，促使林冲杀敌报仇，使林冲走上反抗的道路。

鲁迅先生照片

由此可知，小说的环境描写起着渲染气氛、刻画人物心理、揭示主题和推动故事情节发展的作用。

综上所述，小说鉴赏应紧紧围绕人物、情节、环境这三个环节展开。因此，我们在阅读小说或预习课文时，必须按照这三个环节进行；在写鉴赏作文时，不要面面俱到，要抓住小说的某个方面进行读后感或评论性文章的写作。只有这样才能有的放矢，才会收到事半功倍的效果。

思考探究

你认为玛莎小姐是一个什么样的人？在故事中，她做错了吗？

课堂小测

1. 以下哪个不是欧·亨利作品的背景？(　　)

A. 美国西部生活　　B. 美国一些大城市的生活

C. 拉丁美洲生活　　D. 美国南部草原生活

2. 以下哪一部是欧·亨利的作品？(　　)

A. 变色龙　　B. 最后一片树叶

C. 凡卡　　D. 套中人

3. 欧·亨利的代表作有 (　　)。

A.《白鲸》　　B.《尼伯龙根的指环》

C.《老人与海》　　D.《麦琪的礼物》

4. (　　)、(　　) 和 (　　) 并称为世界三大短篇小说巨匠。(　　)

A. 欧·亨利　莫泊桑　契诃夫　　B. 契诃夫　海明威　鲁迅

C. 莫泊桑　塞万提斯　老舍　　D. 爱伦坡　川端康成　泰戈尔

5. 欧·亨利的文字生动活泼，善于利用 (　　)、(　　)、(　　)、(　　)，妙趣横生。他还以准确的细节描写，制造与再现气氛，特别是大都会夜生活的气氛。(　　)

A. 双关　讹音　谐音　旧典新意　　B. 暗喻　双关　反讽　谐音

C. 夸张　象征　隐喻　谐音　　D. 双关　谐音　反讽　旧典新意

情景实训

分小组选择一部小说或者小说片段改编成剧本，进行表演。

第二节 散文之美

【知识框架】

散文
- 散文种类：叙事—抒情—哲理—写景
- 散文样式：杂文、短评、小品、随笔、速写、特写、游记、通讯、书信、日记、回忆录
- 表达方式：记叙—描写—抒情—说明—议论
- 表现手法：象征—对比—烘托—设置悬念—前后呼应—欲扬先抑—托物言志—借物抒情—联想—想象—衬托（正衬、反衬）
- 修辞手法：比喻—拟人—夸张—排比—对偶—引用—设问—反问—反复—互文—对比—借代—反语

【经典举要】

《春》

朱自清

朱自清先生照片

盼望着，盼望着，东风来了，春天的脚步近了。

一切都像刚睡醒的样子，欣欣然张开了眼。山朗润起来了，水涨起来了，太阳的脸红起来了。

小草偷偷地从土里钻出来，嫩嫩的，绿绿的。园子里，田野里，瞧去，一大片一大片满是的。坐着，躺着，打两个滚，踢几脚球，赛几趟跑，捉几回迷藏。风轻悄悄的，草绵绵的。

桃树、杏树、梨树，你不让我，我不让你，都开满了花赶趟儿。红的像火，粉的像霞，白的像雪。花里带着甜味儿，闭了眼，树上仿佛已经满是桃儿、杏儿、梨儿。花下成千成百的蜜蜂嗡嗡地闹着，大小的蝴蝶飞来飞去。野花遍地是：杂样儿，有名字的，没名字的，散在草丛里，像眼睛，像星星，还眨呀眨的。

“吹面不寒杨柳风”，不错的，像母亲的手抚摸着你。风里带来些新翻的泥土

的气息，混着青草味儿，还有各种花的香，都在微微润湿的空气里酝酿。鸟儿将窠巢安在繁花嫩叶当中，高兴起来了，呼朋引伴地卖弄清脆的喉咙，唱出宛转的曲子，与轻风流水应和着。牛背上牧童的短笛，这时候也成天在嘹亮地响。

雨是最寻常的，一下就是三两天。可别恼。看，像牛毛，像花针，像细丝，密密地斜织着，人家屋顶上全笼着一层薄烟。树叶子却绿得发亮，小草也青得逼你的眼。傍晚时候，上灯了，一点点黄晕的光，烘托出一片这安静而和平的夜。乡下去，小路上，石桥边，撑起伞慢慢走着的人；还有地里工作的农夫，披着蓑，戴着笠的。他们的草屋，稀稀疏疏的在雨里静默着。

天上风筝渐渐多了，地上孩子也多了。城里乡下，家家户户，老老小小，他们也赶趟儿似的，一个个都出来了。舒活舒活筋骨，抖擞抖擞精神，各做各的一份事去，“一年之计在于春”；刚起头儿，有的是工夫，有的是希望。

春天像刚落地的娃娃，从头到脚都是新的，它生长着。

春天像小姑娘，花枝招展的，笑着，走着。

春天像健壮的青年，有铁一般的胳膊和腰脚，他领着我们上前去。

【文章精读】

第一个特写镜头是春草：“小草偷偷地从土里钻出来，嫩嫩的，绿绿的。”作者不仅写出了春草的嫩绿、绵软，而且还摄下了它对人的诱惑力：“人们在草地上“坐着，躺着，打两个滚，踢几脚球，赛几趟跑，捉几回迷藏。”这里的绿茵，已不是单纯的自然景物，而成了人们生活的亲爱的伴侣——景物变成了情物。

第二个特写镜头是花木争荣：“桃树、杏树、梨树，你不让我，我不让你，都开满了花赶趟儿。红的像火，粉的像霞，白的像雪。”不仅果树之花争相斗艳，而且野花遍地，万紫千红。众花还以其特有的色香，吸引无数的蜜蜂“嗡嗡地闹着”，大小蝴蝶翩翩起舞。这些描写，活现出春意盎然的气氛。作者不以再现自然花色为满足，还特意驰骋想象的翅膀写道：果树之花“带着甜味，闭了眼，树上仿佛已经满是桃儿、杏儿、梨儿。”想象不仅拓宽了描写的视野，更从未来角度渲染了春花的可爱。

第三个特写镜头是春风。较之春花来说，春风是不容易描写的。朱自清写春风，主要抓住了两点，一是春风的柔和，二是它具有传声送味的作用。作者先用南宋志南和尚的“吹面不寒杨柳风”的诗句，来状写春风的温暖，柔和；他犹恐读者不易领会，马上来了一句人人能领会的摹写：“像母亲的手抚摸着你”。“风里带来些新翻的泥土的气息，混着青草味儿，还有各种花的香，都在微微湿润的空气里酝酿”。作者从传味角度写春风，不仅强化了春的氛围，也将此段与上两段关于草、花的描写自然地连接起来。春风还把春鸟的歌唱、牧童的笛音，送入人的耳膜，“与轻风流水应和着”。作者从多方位描写春风，把这个本来不易表现的事物也写得栩栩如生。

第四个特写镜头是春雨。朱自清写南方的春雨连绵：“看，像牛毛，像花针，像细丝，密密地斜织着，人家屋顶上全笼着一层薄烟。”这种雨，使树叶子“绿得发亮，小草也青得逼你的眼”。雨夜，一点点黄晕的灯光，“烘托出一片这安静而和平的夜”。白天，“地里工作的农夫，披着蓑，戴着笠的”——这俨然是一幅春雨农耕图了。

第五个特写镜头是春境中人的活动。前四幅画面以描写自然景色为主，这幅画面则突出人的作为：“城里乡下，家家户户，老老小小，他们也赶趟儿似的。一个个都出来了。舒活舒活筋骨，抖擞抖擞精神，各做各的一份事去”。在春天，花儿“赶趟儿”地开；人们为了迎春，“也赶趟儿似的”走出家门。在春天，花卉争荣，各不相让；人们“一年之计在于春”，也以只争朝夕的精神投入了工作。

文化链接

《春》是朱自清散文中的名篇佳作，但在作者生前，它却没有收入朱自清的散文集中。据陈杰同志考证，《春》最早发表在朱文叔编的《初中国文读本》第一册上。该书于 1933 年 7 月由上海中华书局印行。陈说：“在篇名的右上角都注有标记。编者在课文目录后附注，凡有此标记者‘系特约撰述之作品’，可见是《读本》的编者当时特约朱自清等撰写给中学生阅读的文章。”（《关于〈春〉的出处》，《临沂师专学报》1983 年第 2 期）《春》不仅在中华人民共和国成立前被编入中学语文教材，1981 年人民教育出版社中学语文编辑室编的《语文》第一册，也收录了它。但是，后者嫌原作有的词汇“陈旧”，有的语句不够“规范化”，因之对其进行了“加工润色”。这样，在文字上便与原作有了出入。为尊重朱自清作品的原貌，本篇赏析的对象是朱自清写定的未经修改的文字。

《春》是一篇满贮诗意的散文。它以诗的笔调，描绘了我国南方春天特有的景色：绿草如茵，花木争荣，春风拂煦，细雨连绵，呈现一派生机和活力；在春境中的人，也精神抖擞，辛勤劳作，充满希望。《春》是一幅春光秀丽的画卷，《春》是一曲赞美青春的颂歌。

思考探究

“春天像刚落地的娃娃，从头到脚都是新的，它生长着。春天像小姑娘，花枝招展的，笑着，走着。春天像健壮的青年，有铁一般的胳膊和腰脚，领着我们上前去。”这三个比喻各表现了春天景象的什么特点？

课堂小测

1．下列词语解释欠妥的一组是（　　）。

A．吹面不寒杨柳风（杨柳风：指春风）

B．烘托出一片这安静而和平的夜（烘托：这里指黄晕的光使雨夜显得更加安静而和平，有“衬托”的意思）

C．一年之计在于春（计：季节）

D．花下成千成百的蜜蜂嗡嗡地闹着（蝶舞是侧面表现花多、艳、甜）

2．想象一下，“小草偷偷地从土里钻出来”描绘了怎样的画面？下面的诗句中哪一句描写的画面与它最接近？（　　）

A．春风又绿江南岸（王安石《泊船瓜州》）

B．浅草才能没马蹄（白居易《钱塘湖春行》）

C．草色遥看近却无（韩愈《早春呈水部张十八员外》）

D．风吹草低见牛羊（《敕勒歌》）

3．对“红的像火、粉的像霞、白的像雪”三个句子的句序不能颠倒的原因，理解正确的一项是（　　）。

A．这三个句子是按颜色由深到浅的次序安排的

B．这三种颜色是和前文的“桃树”“杏树”“梨树”一一对应的

C．“火”“霞”“雪”是按照从热到冷的次序安排的

D．这三个句子是按照春花开放的先后次序安排的

4．下面对加点词解说有误的一项是（　　）。

A．从感情色彩看，“卖弄”是褒义词　B．“宛转”的意思是温和而曲折

C．“应和”与“呼应”是同义词　D．“嘹亮”的反义词是“低沉”

5．用“别恼”一词的作用是（　　）。

A．劝别人不要生雨的气

B．写出江南春雨的特点

C．表现作者将要把自己对春雨的喜爱之情传达给读者

D．从物写到人，由近写到远

创新设计

诗文共赏，品味春天，用古诗词概括《春》里面描述的图景。

1. 文中的春草图：小草偷偷地从土里钻出来，嫩嫩的，绿绿的。园子里，田野里，瞧去，一大片一大片满是的。

诗词中的春草图：“天街小雨润如酥，草色遥看近却无”“乱花渐欲迷人眼，浅草才能没马蹄”“野火烧不尽，春风吹又生”。

2. 文中的春花图：桃树，杏树，梨树……红的像火，粉的像霞，白的像雪。

诗词中的春花图：桃花的红，“桃花一簇开无主，可爱深红爱浅红。”杏花的粉红，“春色满园关不住，一枝红杏出墙来。”梨花的白，“忽如一夜春风来，千树万树梨花开。”

3. 文中的春雨图：看，像牛毛，像花针，像细丝，密密地斜织着，人家屋顶上全笼着一层薄烟。

诗词中的春雨图：“青箬笠，绿蓑衣，斜风细雨不须归”“南朝四百八十寺，多少楼台烟雨中”“天街小雨润如酥，草色遥看近却无”。

4. 文中的迎春图：天上风筝渐渐多了，地上孩子也多了。

诗词中的迎春图：“草长莺飞二月天，拂堤杨柳醉春烟”“儿童散学归来早，忙趁东风放纸鸢”。

第三节　诗歌之美

【知识框架】

- 中国诗歌
  - 古典诗歌（旧体诗）
    - 诗（唐）
      - 古体诗（唐以前）《诗经》《楚辞》乐府诗
      - 近体诗（唐初）
        - 绝句（五言、七言）
        - 律诗（五言、七言）
    - 词（宋）
      - 字数（小令 58、中调 59—90、长调 91—）
      - 派别
        - 豪放派
        - 婉约派
    - 曲（元）
      - 散曲（小令、套数）
      - 戏剧
        - 元杂剧
        - 明清传奇剧
  - 现代诗歌（新体诗）：1919 年“五四”以后

【经典举要】

［壹］将进酒[①]

唐・李白

君不见黄河之水天上来[②]，奔流到海不复回。
君不见高堂明镜悲白发，朝如青丝暮成雪[③]。
人生得意[④]须尽欢，莫使金樽空对月。
天生我材必有用，千金散尽还复来。
烹羊宰牛且为乐，会须[⑤]一饮三百杯。

---

① 将（qiāng）进酒：请饮酒。乐府古题，原是汉乐府短箫铙歌的曲调。《乐府诗集》卷十六引《古今乐录》曰：“汉鼓吹铙歌十八曲，九曰《将进酒》。”《敦煌诗集残卷》三个手抄本此诗均题作“惜罇空”。《文苑英华》卷三三六题作“惜空罇酒”。将，请。

② 君不见：乐府诗常用作提醒人语。天上来：黄河发源于青海，因那里地势极高，故称天上来。

③ 高堂：房屋的正室厅堂。一说指父母，不合诗意。一作“床头”。青丝：喻柔软的黑发。一作“青云”。成雪：一作“如雪”。

④ 得意：适意高兴的时候。

⑤ 会须：正应当。

李白行吟图

岑夫子，丹丘生[①]，将进酒，杯莫停[②]。
与君[③]歌一曲，请君为我倾耳听[④]。
钟鼓馔玉[⑤]不足贵，但愿长醉不复醒[⑥]。
古来圣贤皆寂寞，惟有饮者留其名。
陈王昔时宴平乐，斗酒十千恣欢谑[⑦]。
主人何为言少钱[⑧]，径须沽[⑨]取对君酌。
五花马[⑩]，千金裘，呼儿将出换美酒，与尔[⑪]同销万古愁。

[贰] 致橡树

舒　婷

我如果爱你——
绝不像攀援的凌霄花，
借你的高枝炫耀自己；
我如果爱你——
绝不学痴情的鸟儿，
为绿荫重复单调的歌曲；
也不止像泉源，
常年送来清凉的慰藉；
也不止像险峰，
增加你的高度，衬托你的威仪。
甚至日光，
甚至春雨。
不，这些都还不够！
我必须是你近旁的一株木棉，

① 岑夫子：岑勋。丹丘生：元丹丘。二人均为李白的好友。
② 杯莫停：一作“君莫停”。
③ 与君：给你们，为你们。君，指岑、元二人。
④ 倾耳听：一作“侧耳听”。
⑤ 钟鼓：富贵人家宴会中奏乐使用的乐器。馔（zhuàn）玉：形容食物如玉一样精美。
⑥ 不复醒：也有版本为“不用醒”或“不愿醒”。
⑦ 陈王：指陈思王曹植。平乐（lè）：观名。在洛阳西门外，为汉代富豪显贵的娱乐场所。恣：纵情任意。谑（xuè）：戏。
⑧ 言少钱：一作“言钱少”。
⑨ 径须：干脆，只管。沽：通“酤”，买。
⑩ 五花马：指名贵的马。一说毛色作五花纹，一说颈上长毛修剪成五瓣。
⑪ 尔：你。

作为树的形象和你站在一起。
根，紧握在地下；
叶，相触在云里。
每一阵风过，
我们都互相致意，
但没有人，
听懂我们的言语。
你有你的铜枝铁干，
像刀，像剑，
也像戟；
我有我红硕的花朵，
像沉重的叹息，
又像英勇的火炬。
我们分担寒潮、风雷、霹雳；
我们共享雾霭、流岚、虹霓。
仿佛永远分离，
却又终身相依。
这才是伟大的爱情，
坚贞就在这里：
爱——
不仅爱你伟岸的身躯，
也爱你坚持的位置，足下的土地。

文化链接

1．诗歌分类

（1）古体诗　包括古诗（唐以前的诗歌）、楚辞、乐府诗。“歌”“歌行”“引”“曲”“吟”等古诗题材的诗歌也属古体诗。古体诗不讲对仗，押韵较自由。古体诗的发展轨迹：《诗经》→楚辞→汉赋→汉乐府→魏晋南北朝民歌→建安诗歌→陶诗等文人五言诗→唐代的古风、新乐府。

①楚辞体：楚辞体是战国时期楚国屈原所创的一种诗歌形式，其特点是运用楚地方言、声韵，具有浓厚的楚地色彩。西汉刘向编辑的《楚辞》，全书十七篇，以屈原作品为主，而屈原作品又以《离骚》为代表作，后人因此又称“楚辞体”为“骚体”。

②乐府：乐府是自秦代以来朝廷设立的管理音乐机构，汉武帝时期大规模扩建，从民间搜集了大量的诗歌，后人统称为汉乐府。后来乐府成为了一种诗歌体裁。（1976年在秦始皇陵区出土了一件钮钟，上书错金铭文：“乐府”，2000年在西安秦遗址出土“乐府承印”封泥一枚，进一步肯定了这一史实，而非始于汉武帝时期。）

（2）近体诗　与古体诗相对的近体诗又称今体诗，是唐代形成的一种格律体诗，分为两种，其字数、句数、平仄、用韵等都有严格规定。

①一种称“绝句”，每首四句，五言的简称五绝，七言的简称七绝。

②一种称“律诗”，每首八句，五言的简称五律，七言的简称七律，超过八句的称为排律（或长律）。

律诗格律极严，篇有定句（除排律外），句有定字，韵有定位（押韵位置固定），字有定声（诗中各字的平仄声调固定），联有定对（律诗中间两联必须对仗）。例如，起源于南北朝、成熟于唐初的律诗，每首四联八句，每句字数必须相同，可四韵或五韵，中间两联必须对仗，二、四、六、八句押韵，首句可押可不押。如果在律诗定格基础上加以铺排延续到十句以上，则称排律，除首末两联外，上下句都须对仗，也有隔句相对的，称为“扇对”。再如，绝句仅为四句两联，又称绝诗、截句、断句，平仄、押韵、对偶都有一定要求。从上到下，分为首联、颔联、颈联、尾联。

（3）词　又称为诗余、长短句、曲子、曲子词、乐府等。其特点：调有定格，句有定数，字有定声。字数不同可分为长调（91字以上）、中调（59～90字）、小令（58字以内）。词有单调和双调之分，双调就是分两大段，两段的平仄、字数是相等或大致相等的，单调只有一段。词的一段称为一阕或一片，第一段称为前阕、上阕、上片，第二段称为后阕、下阕、下片。

（4）曲　又称为词余、乐府。元曲包括散曲和杂剧。散曲兴起于金，兴盛于元，体式与词相近。特点：可以在字数定格外加衬字，较多使用口语。散曲包括有小令、套数（套曲）两种。套数是连贯成套的曲子，至少是两曲，多则几十曲。每一套数都以第一首曲的曲牌作为全套的曲牌名，全套必须同一宫调。它无宾白科介，只供清唱。

（5）现代诗　也称为“白话诗”，最早可追溯到清末，是诗歌的一种，与古典诗歌相比而言，虽都为感于物而作，但一般不拘格式和韵律。现代诗形式自由，意涵丰富，意象经营重于修辞运用，完全突破了古诗“温柔敦厚、哀而不怨”的特点，更加强调自由开放和直率陈述与进行“可感与不可感之间”的沟通。主要流派有新月派、现代派、七月派、九叶派、朦胧诗派等，代表诗人有闻一多、徐志摩、戴望舒、卞之琳、艾青、舒婷、海子等。

2．古代诗歌发展

（1）春秋时期　《诗经》是我国第一部诗歌总集，收集了西周至春秋中叶的诗歌。分为风、雅、颂三个部分。《关雎》《蒹葭》等名篇便出于此。

（2）战国时期　屈原用楚国方言，创造出一种新的诗歌体裁，楚辞体。代表作是《离骚》。

（3）两汉时期　汉代诗歌以“乐府”为代表，形式朴实自然、内容丰富多彩、语言通俗深刻。代表作品《十五从军征》《陌上桑》《孔雀东南飞》等。

（4）魏晋南北朝时期

①建安文学：以曹操父子和建安七子为代表。建安七子包括孔融、陈琳、王粲、徐干、阮瑀、应玚、刘桢。代表作有曹操的《观沧海》《短歌行》，王粲《七哀诗》。

②田园诗：东晋陶渊明，代表作《归园田居》《桃花源记》，内容清新自然，风格朴实恬淡。

（5）唐朝时期　中国的古典诗歌在唐朝进入黄金时代。

①初唐：初唐四杰：王勃、骆宾王、杨炯、卢照邻。

②盛唐：诗歌成就最大，诗人辈出。山水田园诗代表人物有王维、孟浩然，二人合称“王孟”；边塞诗代表人物有高适、岑参以及“七绝圣手”王昌龄。但众多诗人中当属“诗仙”李白，“诗圣”杜甫成就最高。李白的代表作有《望庐山瀑布》《蜀道难》《将进酒》《早发白帝城》。杜甫的代表作有三吏三别。三吏：《新安吏》《石壕吏》《潼关吏》；三别：《新婚别》《垂老别》《无家别》。

③中唐：诗坛倡导诗歌要反映生活，代表人物有白居易、刘禹锡。

④晚唐：李商隐、杜牧，别创新格，咏史诗感人至深，两人号称“小李杜”。

（6）两宋时期　文学的主要成就是“词”。

①豪放派：苏轼是豪放派的创始者，主要代表作有《念奴娇·赤壁怀古》《水

调歌头·明月几时有》等。辛弃疾继承和发展了苏轼的豪放词风，在思想上和艺术上都达到很高水平，作品经常流露出对祖国山河分裂的悲痛，散发着浓厚的时代气息。代表作有《菩萨蛮·书江西造口壁》《破阵子·醉里挑灯看剑》等。陆游，其词不乏感慨国事的豪放之作，充满了国耻未雪、壮志难酬的悲愤激情。代表作有《示儿》《游山西村》等。

②婉约派：柳永是北宋词坛婉约派的主要代表。他的词主要反映市民的生活面貌，具有浓厚的市民气息。代表作有《雨霖铃》《望海潮》等。李清照也是婉约派的集大成者，有“千古第一才女”之美誉。代表作有《一剪梅》《声声慢》《如梦令》《醉花阴》等。

（7）元朝时期　元朝文学的主要成就是“元曲”，在文学史上与唐诗宋词并称。元曲四大家为关汉卿、白朴、郑光祖、马致远四位元代杂剧作家。四者代表了元代不同时期不同流派杂剧创作的成就，因此被称为“元曲四大家”。其中，关汉卿的《窦娥冤》，白朴的《唐明皇秋夜梧桐雨》(简称《梧桐雨》)，郑光祖的《倩女离魂》，马致远的《汉宫秋》为名篇代表。

思考探究

请试着总结古典诗歌与现代诗歌的区别有哪些？

课堂小测

1. 文学史上的诗仙、诗圣、诗佛、诗鬼分别指（　　）。

A. 杜甫、李白、李贺、王维　　B. 王维、李白、杜甫、李贺

C. 李白、杜甫、王维、李贺　　D. 李白、王维、李贺、杜甫

2.《桃花源记》作者生活的时代是（　　）。

A. 魏晋时期　　B. 两晋之际

C. 东晋南朝　　D. 隋

3. 下列全属于“唐宋八大家”的一项是（　　）。

A. 王安石　苏轼　　B. 杜牧　曾巩

C. 黄庭坚　秦观　　D. 欧阳修　司马光

4. 王安石《桂枝香》中“至今商女，时时犹唱，《后庭》遗曲”用了哪位诗人哪篇作品的诗意？（　　）

A. 杜甫《咏怀古迹》　　B. 杜庠《赤壁》

C．刘禹锡《金陵怀古》　　　　　　　　D．杜牧《泊秦淮》

5．有的送别诗将离别之情寓于景物描写中，下列唐诗中属于这种写法的是（　　）。

A．此地别燕丹，壮士发冲冠。昔时人已没，今日水犹寒。

B．苍苍竹林寺，杳杳钟声晚。荷笠带斜阳，青山独归远。

C．闻道衡阳外，由来雁不飞。送君从此去，书信定应稀。

D．满酌劝童仆，好随郎马蹄。春风慎行李，莫上白铜鞮。

6．“解落三秋叶，能开二月花。过江千尺浪，入竹万竿斜。”这首诗写的是（　　）。

A．花　　　　B．风　　　　C．竹　　　　D．水

情景实训

利用所学知识创作一首诗歌。

第四节　中国戏曲之美

【知识框架】

戏剧
- 戏剧艺术手段：唱—念—做—打
- 五　法：手—眼—身—法—步
- 戏剧涉及的艺术：文学—美术—表演—音乐—舞蹈—武术—杂技—服饰
- 中国戏曲种类：昆曲—京剧—越剧—评剧—黄梅戏—豫剧—晋剧—豫剧—河北梆子—山东梆子—秦腔—粤剧—川剧
- 戏曲的行当
  - 生：老生（须生）、小生、武生、娃娃生
  - 旦：青衣、正旦、花旦、闺门旦、武旦、刀马旦、老旦、彩旦
  - 净：铜锤花脸、黑头花脸、架子花脸、武花脸、摔打花脸
  - 丑：文丑、武丑

【经典举要】

牡丹亭·游园（皂罗袍）

原来姹紫嫣红开遍，似这般都付与断井颓垣。良辰美景奈何天，赏心乐事谁家院？朝飞暮卷，云霞翠轩，雨丝风片，烟波画船，锦屏人忒看得这韶光贱！

《牡丹亭》杜丽娘造型

文化链接

一、戏剧概述

什么是戏剧？

戏剧，是指以语言、动作、舞蹈、音乐、木偶等形式达到叙事目的的舞台表演艺术的总称。文学上的戏剧概念是指为戏剧表演所创作的脚本，即剧本。戏剧的表演形式多种多样，常见的包括话剧、歌剧、舞剧、音乐剧、木偶戏等。戏剧是由演员扮演角色在舞台上当众表演故事的一种综合艺术。

戏剧的起源实不可考，目前有多种假说。比较主流的看法有二：一为原始宗教的巫术仪式，比如上古中文，“巫”“舞”“武”三字同源，可能是对一种祈求战斗胜利的巫术活动的合称，即戏剧的原始形态。另一为劳动或庆祝丰收时的即兴歌舞表演，这种说法主要依据是古希腊戏剧，它被认为起源于酒神祭祀。

世界三大古老戏剧是什么？

一是古希腊戏剧，二是印度梵剧，三是中国戏曲。古希腊戏剧产生于公元前6世纪，200多年后它便衰微中落，但后世欧洲的戏剧文化都是由它派生演化出来的；印度梵剧形成时间不详，它也早已是文化陈迹，但东南亚各国的歌舞无不受其影响；中国戏曲最年轻，至公元11世纪才正式登上戏剧历史舞台，但由于它积蓄既久，来源亦多，故而潜藏了特别旺盛的生命力。

二、中国戏曲之美

中国戏曲主要是由民间歌舞、说唱和滑稽戏三种不同艺术形式综合而成。它起源于原始歌舞，是一种历史悠久的综合舞台艺术样式。经过汉、唐到宋、金才形成比较完整的戏曲艺术，它由文学、音乐、舞蹈、美术、武术、杂技以及表演艺术综合而成，有三百六十多个种类。它的特点是将众多艺术形式以一种标准聚合在一起，在共同具有的性质中体现其各自的个性。

中国戏曲经过长期的发展演变，逐步形成了以“京剧、越剧、黄梅戏、评剧、豫剧”五大戏曲剧种为核心的中华戏曲百花苑。中国戏曲剧种种类繁多，据不完全统计，中国各民族地区的戏曲剧种有三百六十多种，传统剧目数以万计。其他比较著名的戏曲种类有：昆曲、坠子戏、粤剧、淮剧、川剧、秦腔、沪剧、晋剧、汉剧、河北梆子、山东梆子、河南越调、河南坠子、湘剧、湖南花鼓戏等。

王国维在《戏曲考原》中说道：“戏曲者，谓以歌舞演故事也”。这句话直接点明了戏曲的两方面的特征：文学性和艺术性。戏曲所讲述的是一个相对完整的故事，而不同于歌唱、书法、舞蹈，更注重的是艺术本身的美感，然而戏曲并非同“口技者”一般在单纯的平铺一个故事，它采用的方式是“歌舞”，正是这种特殊的形式使得中国戏曲也备受国际的关注。

（一）中国传统戏曲中的内容美

戏曲的文学性和艺术性，即戏曲的故事内容和表现形式是戏曲区别于其他表演艺术的杰出之处。一方面，戏曲表演是以反映生活、塑造人物、表达感情为目的的，它要求真和美的统一。另一方面，戏曲表演虽然强调生活的依据，但它的表演毕竟是夸张的、写意的，它要靠启发观众对现实生活的联想和想象，才能收到预期的艺术效果。因此在欣赏古代戏曲的时候，我们要把心放在古代去感受封建社会不同于今时的悲欢离合。

1. 中国传统戏曲内容美在故事情节

《西厢记》，是王实甫描写的封建社会青年男女争取婚姻自主的故事。从“惊艳”“联吟”到“赖婚”，充分表现了崔莺莺对爱情的渴望。但她出身于名门望族，受到封建礼教的熏陶和束缚，因此，又有“闹简”“赖简”等曲折和反复。在“听琴”“佳期”“长亭”几折戏中她终于走上了叛逆的道路，为作品增添了浓厚的喜剧色彩。全剧以争取婚姻自主与恪守“父母之命”的矛盾为主线，以崔莺莺、张生（名珙字君瑞）和红娘三人之间的误会和冲突为副线，互相交织，有节奏地展开，时张时弛，时动时静，时喜时悲，时聚时散，挥洒自如，色彩斑斓。它那“愿天下有情人都成眷属”的主题思想和个性鲜明、活灵活现的艺术形象，都具有强大的艺术魅力，能给人以强烈的感染。

汤显祖的《牡丹亭》同样是一部爱情剧。少女杜丽娘长期深居闺阁中，接受封建伦理道德的熏陶，但仍免不了思春之情，梦中与书生柳梦梅幽会，后因情而死，死后与柳梦梅结婚，并最终还魂复生，与柳在人间结成夫妇。剧本通过杜丽娘和柳梦梅生死不渝的爱情，歌颂了男女青年在追求自由幸福的爱情生活上所做的不屈不挠的斗争，表达了挣脱封建牢笼、粉碎宋明理学枷锁，追求个性解放、向往理想生活的朦胧愿望。从内容来说，《牡丹亭》表现的是古老的“爱欲与文明的冲突”这一主题。《牡丹亭》在思想上与《西厢记》有类似之处，但是，《西厢记》是先情后欲，《牡丹亭》则是先欲后情；《西厢记》描述的是情感的自然发展，更多的是表达“愿普天下有情人都成了眷属”的美好愿望，而《牡丹亭》则特别突出了情（欲）与理（礼）的冲突，强调了情的客观性与合理性。这种不同，是时代的差异造成的。

2. 中国传统戏曲内容美在唱词

越剧《西厢记》剧照——崔莺莺与张生

树上的鸟儿成双对，绿水青山绽笑颜。随手摘下花一朵，我与娘子戴发间。

——黄梅戏《天仙配》

人人夸我潘安貌，原来纱帽罩婵娟。

——黄梅戏《女驸马》

西子湖依旧是当时一样，看断桥桥未断却寸断了柔肠。

——京剧《白蛇传·断桥》

想当初我与卿在秦淮河边，朝看花夕对月常并香肩。

——越剧《桃花扇·追念》

侬今葬花人笑痴，他年葬侬知是谁？一朝春尽红颜老，花落人亡两不知！

——越剧《红楼梦·葬花》

人生在世如春梦，且自开怀饮几盅。

——京剧《贵妃醉酒》

梦回莺啭，乱煞年光遍。人立小庭深院，炷尽沉烟，抛残绣线，恁今春关情似去年。晓来望断梅关，宿妆残。你侧着宜春髻子恰凭栏。剪不断，理还乱，闷无端。已吩咐催花莺燕借春看。云髻罢梳还对镜，罗衣欲换更添香。

——昆曲《牡丹亭·游园惊梦》

（二）中国传统戏曲中的形式美

1. 戏曲脸谱的形式美

脸谱是一种中国戏曲内独有的、在舞台演出中使用的化妆造型艺术。这种脸部化妆主要用于净和丑。它在形式、色彩和类型上有一定的格式。内行的观众从脸谱上就可以分辨出这个角色是英雄还是坏人，聪明还是愚蠢，受人爱戴还是令人厌恶。戏曲脸谱是在漫长的岁月里随着戏曲的孕育成熟，逐渐形成并以脸谱式的方法相对固定下来。从戏剧内容看，它是性格化的；从美术形式看，它是图案式的。它简单地说是用于人物外貌包装的一种形式，内在上它还包含了人物的性格、身份、经历等丰富的内涵。不仅从造型上匠心独具，而且含蓄而不乏直观地向观众揭开了接下来登台戏曲的故事内容。

京剧脸谱

黑格尔说过，象征符号“是一种在外表形状上就可以暗示要表达的那种思想内容的符号”。脸谱主要突出人物的性格特征，具有“寓褒贬，别善恶”的艺术功能，它根据不同人物的性格、身份、善恶组合成许多不同类型的谱式，每一张脸谱由众多的分谱组成，使舞台上出现千差万别的社会众生相。每一张脸谱，不管表现的是正面人物还是反面人物，都是美的创造物。如后羿的脸上勾画了九个太阳的形象，以说明他曾用箭射下九个太阳。郑子明年轻时为救人曾被猩猩抓伤脸，故勾成不对称的歪脸。脸谱中每种设色都具有特定的象征意义，这与我们民族的文化传统、生活习惯密切相关，红色表示赤胆忠心，紫色表示智勇刚义，黄色表示武将骁勇善战、残暴，文臣内有心计，绿色表示侠骨义肠、性格暴躁，蓝色表示刚直勇猛、桀骜不驯，黑色表示忠耿正直，白色表示阴险奸诈，粉红色表示年迈气衰的忠勇老者，灰色表示老年枭雄，金、银色多用于神、佛、鬼怪，象征虚幻之感。

中国观众从剧场欣赏完演出以后，对勾画脸谱的人物印象鲜明深刻，戏剧中的孙悟空、窦尔墩、张飞、包拯的脸谱，在现实生活中找不到，历史上也不存在，但观众宁可相信戏剧中这些勾脸的形象实有其人。这正是戏剧艺术的魅力，其中很大程度上是借助了脸谱的手段，是脸谱之美，为戏剧中那些活生生的形象锦上添花。

2．戏曲服饰的形式美

俗话说“佛靠金装，人靠衣装”。人还得三分长相七分打扮呢，戏剧作为一门艺术自然不能光有好看的脸谱造型，服装的美化也是绝不能少的。例如，京剧戏装依剧样式不同而分为蟒、靠、褶、帔、衣五大类的戏装，以及翎子、盔帽、靠旗、狐尾等精致的衣饰。在所有这些服装饰物中都蕴含了中华民族的趣味和爱好。传统的纹饰图案更为服饰锦上添花，龙凤虎豹，花草鱼鸟，以及诸如“万字不到头”“五福捧寿”等，都成为一种共同的语言。

三、笔者观点

大学生作为社会主义建设者和接班人，肩负着传承中华优秀传统文化的责任。据调查，当代大学生对中国戏曲知之甚少。中国戏曲无论在内容和形式上都极具美感，且富有深厚的文化底蕴，有着极其鲜明的民族特征，从创作思想、表演形式到欣赏方式，都和西方的话剧、歌剧、舞剧大相径庭，在世界戏剧舞台上独树一帜。大学生应该多了解中国的“国粹”，主动弘扬和传承中国戏曲之美。

思考探究

你知道中国戏曲的五大剧种是什么吗？

课堂小测

1．中国的戏曲与＿＿＿＿＿＿、＿＿＿＿＿＿并称为世界三大古老的戏剧文化。

2．戏曲最显著、最独特的艺术特点就是＿＿＿＿＿＿＿＿＿＿＿＿。

3．＿＿＿＿＿＿、＿＿＿＿＿＿、＿＿＿＿＿＿是中国戏曲的主要艺术特征。

情景实训

请以班级为单位，开展一次中国戏曲赏析交流会，将同学们分成小组，分别对传统戏曲中的一些名段进行赏析交流。

第四章 摄影之美

【知识框架】

- 摄影
  - 摄影的起源
  - 摄影的常见类型
  - 摄影的常用术语
  - 构图之美
    - 构图的原则
    - 构图的技巧
  - 光影之美
    - 光的方向与运用
    - 光的强弱与运用

教学目标

知识目标：了解摄影，掌握摄影中的各类技巧。

能力目标：培养学生一定的摄影鉴赏能力和摄影创作能力。

素质目标：通过发现美、创造美，培养热爱校园、热爱职业、热爱祖国大好河山的积极美好心态。

第一节 摄影常识

【经典举要】

世界上第一张照片

摄影差不多经历了 180 多年的进展，而大家知道世界上的第一张照片是怎么拍下和拍摄的什么内容吗？现在就带大家来了解一下。在 1826 年，一位名叫尼埃普斯的法国人将白沥青涂在锡合金板上并装进暗箱里，将其放在他工作室二楼的窗台上曝光了 8 小时后，把锡合金板放置在薰衣草油中，让未硬化部分的沥青擦掉，板上显现出与被摄影物相似的影像，其内容就是他工作室窗外的农村房屋局部，这张取名为《窗外景色》的图片后来被称为世界上的第一张照片。

《窗外景色》(法国　尼埃普斯)

文化链接

一、摄影的起源

摄影一词起源于希腊语“φῶς phos”(光线之意)和“γραφι graphy”(绘画、绘图之意),意思是“以光线绘图”。摄影是指使用某种专门设备进行影像记录的过程。往往摄影也会被人们称为“照相”,照相的过程其实就是通过物体所发射或反射的光线使感光介质曝光的过程。所以,人们会说:摄影师的能力是把日常生活中稍纵即逝的平凡事物转化为不朽的视觉图像。

摄影的发展史:小孔成像法—日光蚀刻法—达尔盖银版法—卡罗式摄影法。

1. 小孔成像法

大约2400多年以前,墨子和他的学生,做了世界上第一个小孔成像的实验。在一间黑暗的小屋朝阳的墙上开一个小孔,人对着小孔站在屋外,屋里相对的墙上就出现了一个倒立的人影,这就是著名的小孔成像原理。后来,一些照相机和摄影机便运用了小孔成像的原理,其镜头是小孔,景物通过小孔进入暗室,像被一些特

墨子小孔成像图

殊的化学物质（如显影剂等）留在胶片上。

2．日光蚀刻法

人们在很久以前便寻到了小孔成像的奥秘，直至今日，小孔成像这一原理仍然适用于摄影术。但当时阻碍摄影产生的重要原因是，如何将影像保留下来这一问题未被解决。从 1793 年起，法国人尼埃普斯就开始从事用感光材料做永久性的保存影像的试验。在 1825 年，尼埃普斯委托法国光学仪器商人查尔斯・塞福尔为他的照相暗盒制作光学镜片。直到 1826 年的一天，尼埃普斯在房子顶楼的工作室里，拍摄了世界上第一张永久保存的照片。由于受到长时间的日照，左边和右边都有阳光照射的痕迹。尼埃普斯把他这种用日光将影像永久的记录在玻璃和金属板上的摄影方法，称作“日光蚀刻法”，又称阳光摄影法。他的摄影方法，比达盖尔早了十几年，实际上应被称为摄影术的发明者。

3．达尔盖银版法——摄影术的诞生

路易・雅克・曼德・达盖尔是一名法国发明家、艺术家和化学家。他在 35 岁时设计出西洋镜，用特殊的光效应展示了全景画，同时，他对一种不用画笔和颜料自动再现世界景色的装置产生了极大的兴趣，并为其发明做出了努力，但没能获得成功。直到 1827 年他遇见也一直在努力发明照相机的约瑟夫・尼塞福尔・涅

坦普尔大街街景（法国　路易·雅克·曼德·达盖尔）

普斯，两年后他们成为合伙人。1833年涅普斯逝世后，达盖尔仍在继续努力，在1837年他将锡合金板改用为银版，擦亮后用碘蒸气熏，曝光后再放在加热的水银上熏，影像经强迫显影后显现出来，这种技术将曝光时间从原来的八小时缩短到半小时左右，后来人们称之为达盖尔摄影术（银版摄影术）。不久后，达盖尔改用新的大口径镜头，口径从F11增大到F3.6，进一步将曝光时间缩短到1分钟左右。银版法摄影术的问世，受到人们普遍欢迎，银版法人像摄影室在欧洲和其他地区如雨后春笋般地出现。1839年，法国政府买下该发明的专利权，并于同年8月19日正式公布，这标志着人类摄影的真正开始。

4．卡罗式摄影法

在达盖尔研制银版法摄影术的同时，英国科学家塔尔博特发明了另外一种摄影方法。他用感光纸先拍摄一幅负像，也就是底片，然后在底片下叠上一张感光纸，利用阳光接触印制成照片。他把底片称为“负片”，把印好的照片称为“正片”，把暗箱照相机记录影像称为“摄影”，整个摄影过程是正—负—正的关系。1841年他为此申请了专利，命名为“卡罗式摄影法”，也称“塔尔博特摄影法”。这项发明使一张底片可以印制多幅照片，奠定了现代摄影的基础。为了宣传其优点，塔尔博特印制了许多照片放在文具店出售。他还制作了一本摄影集，将 24 幅照片分贴在画册的画页上，取名“自然的画笔”，这是世界上第一本自然画册，如今早已成为收藏家们极珍贵的藏品。

《自然的画笔》
（英国　塔尔博特，1844—1846）

《开着的门》——卡罗式摄影法

二、摄影的常见类型

1. 静物摄影

静物摄影是以无生命（此无生命为相对概念，比如从海里捕捞上来的鱼虾、已摘掉的瓜果等）、人为可自由移动或组合的物体为表现对象的摄影，多以工业或手工制成品、自然存在的无生命物体等为拍摄题材，并在真实反映被摄体固有特征的基础上，经过创意构思，并结合构图、光线、影调、色彩等摄影手段进行艺术创作，将拍摄对象表现成具有艺术美感的摄影作品。

摄影大师罗伯特·梅普尔索普静物作品

静物摄影在选材方面有广阔的天地，在选择好素材之后，就可以处理这些对象，多角度移动以达到创作意图。静物摄影具有两大优点：首先，它能让摄影者进一步体会艺术视觉的升华过程。当一些很平常的物体被拍成引人入胜的照片时，实际上也就是深入学习观察这些物体的过程。其次，拍摄静物能获得更多的实际摄影知识。对摄影者来说，静物摄影的难处在于它的画面构成具有独到之处。当布置好被摄物体之后，必须选择拍摄角度，在用光方面发挥创造性，进而把从静物摄影中学习到的实际摄影知识、基础原理应用到日常摄影中去。

2．人像摄影

人像摄影是以刻画或表现被摄者的具体相貌和神态为首要创作任务。虽然有些人像摄影作品也包含一定的情节，但它仍以表现被照者的相貌为主。大家可能会容易混淆的是它与人物摄影有什么不同，人物摄影是以表现被摄者参与的事件与活动为主要任务，而人像摄影以表现具体的情节为主要任务，而不在于以鲜明的形象去表现被摄者的相貌和神态。所以二者的重要区别：在于是否具体描绘人物的相貌。不管是单人的或是多人的，不管是在现场中抓拍的还是在照相室里摆拍的，不管是否带有情节，只要是以表现被摄者具体的外貌和精神状态为主的照片，都属于人像摄影的范畴。而如果是主要表现人物的活动与情节，反映的是一定的生活主题，被摄者的相貌并不很突出的摄影作品，不管它是近景也好，远景也好，只能属于人物摄影的范畴。当然，从广义上来说，人像摄影拍的是人，它也属于人物摄影。

《阿富汗女孩》
（美国　史蒂夫·麦凯瑞）

3．记录摄影

记录摄影是指以记录为第一目的，对客观事物进行真实影像反映的摄影。在它诞生之后所显示出来的强大的生命力，是其他技术或艺术所无法比拟或取代的。因此，从广义上说，摄影就是记录。记录摄影是以尊重客观真实为前提，通过对象是客观事物的表象的记录来传递信息。通常按照记录影像的方式和追求的价值不同来划分，记录摄影分为新闻摄影和纪实摄影。

《天堂之路》（美国　尤金·史密斯）

《传道士与饥饿的儿童》
［美国　迈克·威尔斯（Mike Wells）］

4．艺术摄影

随着社会的发展，人们在摄影中不断地增加艺术的元素，由此诞生了艺术摄影。它与记录摄影的区别在于艺术性的多少与高低，但没有绝对的界限。例如：我们因为办理证件需要去拍张证件照，这种摄影的价值在于资料的留存或记录。艺术摄影更讲究的是画面效果的唯美，这不仅需要技术，还要找准拍摄的时间、地点和角度。

5．画意摄影

19 世纪后半叶，英国摄影家雷兰达拍摄了一幅作品《人生的两条路》，这幅作品曾被预言为"摄影新时代来临了"。在摄影还被轻视的当时，这幅作品以其劝勉性的主题和油画式的构图，受到了维多利亚女王的极高评价，从此，画意摄影也逐渐成为摄影艺术中的一个重要流派。在中国，我们也不得不提到一位"用相机绘画"的大师——郎静山。这位摄影师按照传统国画里的散景构图方法进行素材叠加，其题材和主题意趣多取自古画、古诗词，是中国绘画风格和摄影技法的统一。他的作品也被称为"集锦摄影"（Composite Picture，直译为合成画）。

6．商业摄影

商业摄影又称为委托摄影，是指以商业用途为目的而开展的摄影活动。从广义上讲，它包括一切用于出售商品、撰写事件或介绍书籍的图像的生产，而狭义上的商业摄影通常意会为广告摄影，这不仅因为广告摄影在其中占有举足轻重的地位，

第四届 FAPA 艺术摄影奖专业组海景组冠军

1936 年的作品《古阁重密》(中国　郎静山)

且在于广告摄影本身所具有的天然而浓厚的商业色彩。商业摄影中摄影师的摄影技术和审美是关键，但如果没有拍摄想法和经营理念的推动，拍出来的照片对于服务对象而言，也就是没有太多价值的。

7. 全息摄影

全息摄影是一种记录被摄物体反射波的振幅和位相等全部信息的新型摄影技

华为手机广告图

五彩水草玛瑙雕件《子龙》

术。普通摄影记录的是物体面上的强光分布，它不能记录物体反射光的位相信息，因而失去了立体感。而全息摄影采用激光作为照明光源，并将光源发出的光分为两束，一束直接射向感光片，另一束经被摄物的反射后再射向感光片，人眼直接去看这种感光片的底片，只能看到像指纹一样的干涉条纹，但如果用激光去照射它，人眼透过底片就能看到与原来被拍摄物体完全相同的三维立体像。全息摄影的应用非常的广泛也具有较高的科学价值，可应用于工业上进行无损探伤、超声全息、全息显微镜、全息摄影存储器、全息电影和电视等许多方面。

三、摄影的常用术语

1．对焦

对焦是使被拍摄主体物成像清晰的过程。对焦的方式有自动对焦和手动对焦，也有多点对焦和单点对焦，根据拍摄创作的需要选择不同，其目的都是突出画面里的主体物。但是有种拍摄为了创作意境的需要，称为虚焦的拍摄方式，可以呈现画面的朦胧意境。

2．焦距

焦距是指透镜中心到其焦点的距离。焦距的单位通常用 mm（毫米）来表示，一个镜头的焦距一般都标在镜头的前面，如 50mm（这就是我们通常所说的“标准镜头”，因为其视角与人眼视角相同故称标准镜头），29～70mm（我们最常用的镜头）这个焦距段是最适合拍人像的，70～210mm（长焦镜头）等。

3．超焦距

当镜头聚焦在无限远时，位于无限远的景物结成清晰的影像，同时在有限距离某一点上的物体也能达到清晰的标准，近于这一点的物体就模糊起来，那么，这个物体到镜头之间的距离就是超焦距。

4．景深

影像相对清晰的范围称为景深。景深的长短取决于三个因素：镜头焦距、相机与拍摄对象的距离、所用的光圈。景深与以上三者的关系是：①焦距越长，景深越短；焦距越短，景深越长。②距离越近，景深越短；距离越远，景深越长。③光圈越大，景深越短；光圈越小，景深越长。

5．光圈

用于控制镜头通光量大小的装置称为光圈。光圈的大小用 F 表示，有 F1.0，F1.4，F2.0，F2.8，F4.0，F5.6，F8.0，F11，F16，F22，F32，F44，F64 等。光圈 F 值越大，实际光圈越小。

6．快门

用于控制曝光时间长短的装置称为快门。种类分为机械快门和电子快门。在传统机械相机上快门一般采用帘幕式快门和镜间叶片式快门以及钢片快门三种，在现在的数码单反照相机中也有使用，而电子快门多使用在微单、卡片机以及手机的相机模组中。

7．快门速度

快门速度是指快门开启的时间。它是指光线扫过胶片的时间（曝光时间）。例如，“1/30”是指曝光时间为 1/30 秒，同样，“1/60”是指曝光时间为 1/60 秒，1/60 秒的快门速度是 1/30 秒快门速度的两倍。其余依此类推。

8．构图

构图的名称，来源于西方的美术，其中有一门课程在西方绘画中，称为构图学。构图这个名称在国画画论中又称为布局，或称为经营位置。也就是说，摄影构图是从美术的构图转化而来，我们也可以简单地称它为取景。不论是国画中的布局，还是摄影中的取景，都只涉及构图的部分内容，并不能包括构图的全部含义。因此，统一用构图这个称呼是较科学准确的。

9．曝光

光到达胶片表面使胶片感光的过程称为曝光。需注意的是，我们说的曝光是指胶片感光，这是我们要得到照片所必须经过的一个过程。它常取决于光圈和快门的组合，因此又有曝光组合一词。比如，用测光表测得快门为 1/30 秒时，光圈应用 5.6，这样，F5.6、1/30 秒就是一个曝光组合。

10．感光度

感光度表示感光材料感光的快慢程度。单位用“度”或“定”来表示，如“ISO100/21”表示感光度为 100 度 /21 定的胶卷。感光度越高，胶片越灵敏（就是在同样的拍摄环境下正常拍摄同一张照片所需要的光线越少，其表现为能用更高的快门或更小的光圈）。

11．色温

色温表示光线中包含颜色成分的一个计量单位，单位为“K”。光源色温不同，带来的感觉也不相同。高色温光源照射下，如亮度不高就会给人们一种阴冷的感觉；低色温光源照射下，亮度过高则会给人们一种闷热的感觉。色温越低，色调越暖（偏红）；色温越高，色调越冷（偏蓝）。

12．白平衡

白平衡是数码相机的一个极重要概念，就是数码相机对白色物体的还原。一般白平衡有多种模式，适应不同的场景拍摄，如自动白平衡、钨光白平衡、荧光白平衡、阴影白平衡等。

思考探究

请你谈谈在本小节的知识中，关于摄影的分类里，你最喜欢的摄影类型是哪种，并说出你喜欢的理由。

课堂小测

1．摄影一词源自希腊语的什么词语意思？（　　）

A．光线　　B．线条和阳光　　C．绘画　　D．光线和绘画

2．世界上第一张照片的摄影者是谁？（　　）

A．达盖尔　　B．尼埃普斯　　C．塔尔博特　　D．阿切尔

3．标志人类摄影真正的开始是（　　）。

A．小孔成像法　　B．日光蚀刻法

C．达尔盖银版法　　D．卡罗式摄影法

4．摄影术的起源来自（　　）。

A．小孔成像法　　B．日光蚀刻法

C．达尔盖银版法　　D．卡罗式摄影法

5．什么是白平衡？（　　）

A．色彩的比例　　B．曝光的准确度

C．黑白的比例　　D．对白色物体的还原

情景实训

请选取至少三种你感兴趣的摄影类型，收集几张典型的大师作品，并说明作品中体现的类型特点和传达的情感。

第二节　摄影之美

【经典举要】

全球顶级手机摄影大赛

1. MPA 手机摄影大赛

MPA 手机摄影大赛成立于 2011 年，面向世界各国摄影师和艺术爱好者，无国籍和年龄限制，旨在挖掘摄影与艺术社区内的人才。投稿要求：使用任意品牌手机或平板拍摄的照片均可参赛，允许使用移动设备上的 APP 进行处理或编辑。

MPA 手机摄影大赛 2017 年年度摄影师作品（中国　邓楠）

2. IPPA 手机摄影大赛

IPPA 手机摄影大赛号称手机摄影比赛中的“奥斯卡”，比赛全称为 iPhone Photography Awards。大赛从创立至今，IPPA 成为了苹果手机在摄影领域最好的民间宣传榜样，比赛不仅帮助苹果手机宣传了 iPhone 的拍照功能，同时还获得了全世界用户的认可。IPPA 赛事创始人曾接受媒体采访时说：“看到这些捕捉的画面，以及作者们怎样用手机将特别时刻联系起来，这感觉非常神奇，就好像有人邀请你去分享他们在生命某个时刻的经历一样。”

3. 华为新影像手机摄影大赛

大赛创建于 2017 年，是“华为新影像发展计划”的重要组成部分，旨在打造权威、专业、与时俱进的“新影像”文化。基于“影像”社交潮流，华为提出“新影像”的概念，深刻洞察影像内容在群体、技术、内容、传播方式、反馈等

IPPA 手机摄影大赛 2019 年建筑类冠军
《Janta Manta 天文台》（中国　张匡龙）

IPPA 手机摄影大赛 2019 年新闻事件组冠军
《舞火龙》（中国　陆连宇）

华为新影像手机摄影大赛 2018 年
总冠军 -“夜之美”单元冠军
（波兰　Michał Wesołek）

华为新影像手机摄影大赛 2018 年“你好，生活！”单元冠军《烈日当头晒金黄》（中国　文智诚）

方面的新变化。比赛面向全球华为手机用户，参赛作品仅接受在华为手机内（接受第三方软件）进行后期处理，且照片短边不小于1000像素，单张照片数据量不超过20M；参赛的视频作品可接受在计算机或手机软件内编辑，但影像素材均须由华为手机采集，单件视频数据量不超过100M，接受mp4、3gp、wmv、rm、rmvb、asf格式。

文化链接

一、摄影的构图之美

（一）构图的意义与作用

“构图”一词来源于西方的美术，在西方绘画中，称为构图学。而构图这个名称在我国国画画论中，不叫构图，而称为布局。构图，在《辞海》中解释为“造型艺术”术语，是指艺术家为了表现作品的主题思想和美感效果，在一定的空间，安排和处理人、物的关系和位置，把个别或局部的形象组成艺术的整体。

我们研究构图的意义是什么？就是要研究在一个平面上处理好三维空间即高、宽、深之间的关系，从而突出主题，增强艺术的感染力。构图处理是否得当，是否新颖，是否简洁，直接关系到摄影艺术作品的成败。从实际而言，一幅成功的摄影艺术作品，首先是构图的成功。成功的构图能使作品内容顺理成章，主次分明，主题突出，赏心悦目。反之，就会影响作品的效果，没有章法，缺乏层次，整幅作品不知所云。

（二）构图的原则

1．稳定性原则

均衡与对称是构图的基础，主要作用是使画面具有稳定性。均衡与对称本不是一个概念，但两者具有内在的同一性——稳定。稳定感是人类在长期观察自然中形成的一种视觉习惯和审美观念。因此，凡符合这种审美观念的造型艺术才能产生美感，违背这个原则的，看起来就不舒服。

大家需要注意的是，均衡与对称并非指的是“平均”，它是一种合乎逻辑的比例关系。我们说的平均虽是稳定的，但缺少变化，没有变化就没有美感，所以构图最忌讳的就是平均分配画面。而对称的稳定感特别强，对称能使画面有庄严、肃穆、和谐的感觉。比如，我国古代的建筑就是对称的典范，但对称与均衡比较而言，均衡的变化比对称要大得多。因此，对称虽是构图的重要原则，但在实际运用中机会比较少，运用多了就有千篇一律的感觉。

2．重点突出原则

关于重点突出原则主要包括了两个方面，一是对比，二是视点。

（1）对比的运用，它不仅能增强艺术感染力，更能鲜明地反映和升华主题。对比构图，是为了突出主题，强化主题，对比有各种各样，也可千变万化，通常有以下几种情况：

一是形状的对比。如大和小，高和矮，老和少，胖和瘦，粗和细。

二是色彩的对比。如深与浅，冷与暖，明与暗，黑与白。

三是灰与灰的对比。如深与浅，明与暗等。

在一幅作品中，可以运用单一的对比，也可同时运用各种对比，对比的方法是比较容易掌握的，但要注意不能死搬硬套，牵强附会，更不能喧宾夺主。

（2）视点是透视学上的名称，也称为灭点，其意义是为了将观众的注意力吸引到画面的中心点上。按照透视学的原理，在视平线以上的物体，如高山、建筑等，近高远低，近大远小；在视平线以下的物体，如大地、海洋、道路等，近低远高，近宽远窄，向上伸延左右两侧的物体。这样，以人的眼睛所视方向为轴心，上下左右向着一个方向伸延，最后聚集在一起，集中到一点，消失在视平线上，这就是视点的由来。照相机的镜头就是根据人的眼睛和透视学的原理设计的，光圈好比人眼的瞳孔，瞳孔随着光线的明暗收缩或放大，所以用照相机拍出的东西和人眼看到的东西基本上是一致的。从某种意义上讲，用照相机拍出的东西比人眼看到的更为准确。有时用人眼看时，感觉不到相差的距离，似乎是在一个平面上，但拍成片子后，远一点的物体就显得小了许多，这是因为透视所起的作用。

之前我们说到视点的作用是把人的注意力吸引到画面的一个点上，而这个点应是画面的主题所在，但它的位置不是固定的。因为根据主体的需要，可以将这个点放在画面的上下左右任意一点上，不论放在何处，周围物体的延伸线都要向这个点集中。画面上只能有一个视点，这是摄影与绘画在构图上的最根本的区别。如果一个画面中出现了两个视点，画面就分散了，作为观众就会不太清楚摄影者所要表达的主题。绘画讲的是散点透视，摄影只能有一点，不然摄影的构图和画面就会乱。

（三）构图的技巧

1．黄金分割法

黄金分割构图法的基本理论来自黄金分割比例——1：0.618，这个比例在我们

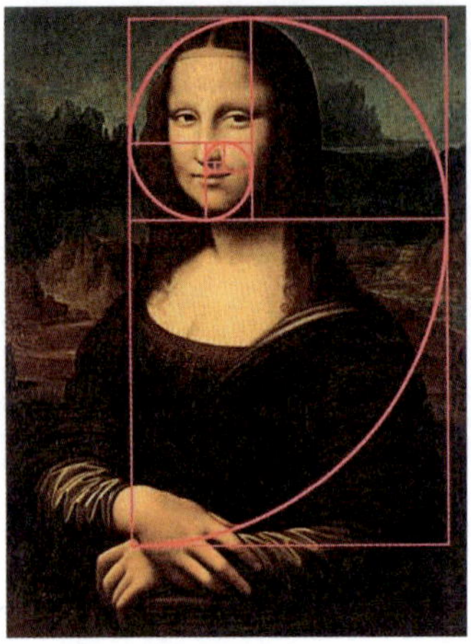

《蒙娜丽莎的微笑》黄金螺旋
（意大利　达·芬奇）

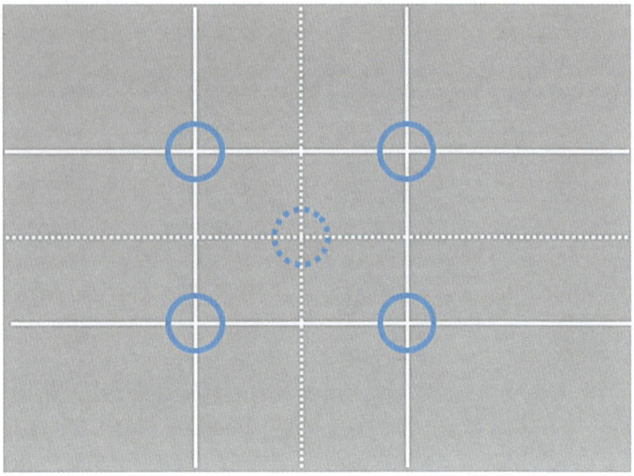

黄金九宫格

生活的大自然中比比皆是。黄金分割比例主要用意在表达“和谐”，例如建筑、绘画、投资市场、服装设计等领域。而在摄影中引入黄金分割比例则可以让照片感觉更自然、舒适，更能吸引观赏者。像我们看到过的名画《蒙娜丽莎》《最后的晚餐》《维纳斯的诞生》等也符合黄金分割的比例，黄金分割比例也在这些作品上经过了历史认证。在摄影构图当中有很多种的表达方式能活用黄金分割比例。最常用的构图包括“黄金螺旋”和“黄金九宫格”。

2．留白法

文学创作中有一种手法称为“留白”，在摄影中同样也有，并且作用类似，其本质就是让联想空间得到延伸。但是，由于摄影涉及视觉，所以又有要特别注意的地方：摄影构图方法的留白，不一定是在构图时留出一片空白，它的留白可以是天空、绿地或者海洋等景物。有时有现成的空白可以使用，有时则需要善于发现，把一些其他景物等同于空白来使用，合理地创造出“空白”。留白手法运用到人像摄影时，可以在人物视线方向留出一定的“空白”，给观赏者想象的空间，赋予该作品更多的内涵。拍摄运动的物体或者是有运动趋向的物体时，也要在该物体前留出多一些空间，这样会使照片看起来比较宽松，否则会让观赏者产生被压迫感或不平衡感。拍摄运动的物体时，要掌握好时机，结合留白的原则，才能留下更多精彩的瞬间。

3．对称构图法

对称构图有上下对称、左右对称等，具有稳定平衡的特点。在建筑摄影中表现建筑的设计平衡，稳定性。广泛应用于镜面倒影中，表达出唯美意境，画面平衡性

《夏日小花》（中国　黄迅）

倒影拍摄

的特点。对称式构图多用于建筑、倒影拍摄等。

4．对角线构图法

对角线构图的图片有动态张力，更加活泼。三角形构图会增添画面的稳定性，常在画面中构建三角形构图元素，特别是在人像摄影中。多用于拍摄建筑、山峰、植物、人物等。

古人云，不以规矩，不成方圆。构图的基本原理就是规矩，也就是均衡与对称、对比和视点这三条。但由于摄影者的艺术修养不同，观察事物的角度不同，创作出来的作品也是变化不一的。大家更要记住的是：我们在日常生活中，由于很多动态的画面是转瞬即逝的，这就需要拍摄者尽快地做出拍摄判断，把重心放在如何更好地表现主体上，而不是思考用何种构图方式。过分依赖构图法则，反而很容易

《清迈寺庙》(中国　黄丽佳)

陷入机械式的拍摄当中，很难拍出让人耳目一新的图片。然后纵观这些构图法则，我们会发现其中的共性无非就是稳定性和重点突出两个原则，而这两个原则便是作为摄影者需要养成的逻辑，而不是简单的套用技法。

二、摄影的光影之美

(一) 光的方向与运用

1. 顺光

顺光指的是光源和被摄物体是面对面的，拍摄者是背对光源的，光线直接照射在被摄物体上。优点：在这样的光线环境下，主体色彩以及形态等细节特征都可以得到很好的表现。缺点：顺光拍摄会使主体没有明显的明暗变化，从而缺乏层次感和立体感，使画面表现略显平淡。小技巧：可以为画面安排一些前景，来增加画面的空间感。

2. 侧光

侧光分为前侧光、正侧光、后侧光。

(1) 前侧光　光线从被摄体的侧前方照射过来，与被摄体成45°左右的角度时，称为前侧光。这种光线比较符合人们日常的视觉习惯，在前侧光的照明下，被摄体大部分受光，投影落在斜侧面，有明显的影调对比，明暗面的比例也比较适中，可较好地表现被摄体的立体形态和表面质感。这种光线在人物摄影中使用比较普遍，在运用时，可以前侧光为主光，正面有辅助光补助，以取得轮廓线条清晰、影调层次丰富、明暗反差和谐的效果，从而较好地表现人物的外形特征和内心情绪。

(2) 正侧光　当光线与被摄体成90°左右的角度时，称为正侧光。在正侧光的照明下，投影落在侧面，景物的明暗阶调各占一半，能比较突出地表现被摄景物的立体感、表面质感和空间纵深感，造型效果好。特别是在拍摄浮雕、石刻、水纹、沙漠以及各种表面结构粗糙的物体时，利用正侧光照明，可获得鲜明的质感。如采用正侧光拍摄风光照片，画面层次丰富，立体感和空间感很强，若景物光对比太大，应注意画面反差的调节。一般来说，90° 的正侧光不宜拍摄人像，因为正侧光会使人的脸部形成一半明一半暗的阴阳脸，很不美观。但有时用正侧光，也能较好地表现人物的性格特征和精神面貌。

（3）后侧光　当光线与被摄体成 135° 左右的角度时，称为后侧光。此时被摄物的 1/3 面积受光，2/3 面积在暗处，明暗对比强烈，投影很有表现力，能表现被摄物的轮廓。

3．逆光

在拍摄的时候，光线从事物的后面照射，但是位置可以随便转换。逆光除了可以产生轮廓光之外。在拍摄剪影的时候，也是经常使用逆光来拍摄。逆光拍摄剪影的时候，画面会产生戏剧感还有神秘感。逆光的时候拍摄，画面也会被渲染出来一种温暖的感觉。

（二）光的强弱与运用

1．直射光

在晴朗的天气，当被摄对象直接受到阳光照射的部分形成较明亮的受光面，不直接受到阳光照射的部分必然呈现出较暗的阴影，这样的光线称为直射光。直射光有明显的方向性，被摄对象面向光源的部分亮，背向光源的部分暗，明暗反差较大，造型效果是立体感强，但层次不丰富，质感差。

2．散射光

当被摄对象不直接受到阳光照射，如阴天、雾天或晴天太阳被较厚的云层遮挡时，没有强烈的明亮面和阴影部分对比，这种光线称为散射光。当使用散射光时，方向性不明显，被摄对象的照明比较均匀，明暗反差较小，造型效果为立体感较弱，但影调柔和，层次丰富。

思考探究

请你谈谈影响摄影的要素有哪些，日常摄影我们要注意的要点是什么？

课堂小测

1．下列哪个不是全球手机摄影大赛？（　　）

A. 华为新影像　　B. IPPA　　C. MPA　　D. EYEEM

2. 黄金分割的比例是多少？(　　)

A. 2∶3　　B. 1∶0.618　　C. 3∶5　　D. 1∶3

3. 构图原则的要点是(　　)。

A. 均衡与对称、对比与视点　　B. 曝光准确

C. 对焦准确　　D. 稳定和谐

4. 剪影拍摄哪种光更适合？(　　)

A. 顺光　　B. 前侧光

C. 正侧光　　D. 逆光

5. 温暖的意境更适合选择什么样的色彩来体现？(　　)

A. 黑色　　B. 蓝色

C. 绿色　　D. 黄色

情景实训

请以“我心中的校园之美”为主题，运用摄影相关知识，可使用相机和手机创作主题摄影作品。

第五章 音乐之美

【知识框架】

- 音乐
  - 音乐的概念：音乐是反映人类现实生活情感的一种艺术
  - 音乐的分类：音乐可以分为声乐和器乐两大类型
  - 声乐
    - 基本含义：由人体生理器官构成的“人声乐器”
    - 功能特性：隐性特征、情感表达、愉悦审美
    - 人声分类：男声、女声、童声
    - 演唱形式：独唱、齐唱、重唱、轮唱、对唱、合唱等
    - 演唱方法：美声唱法、民族唱法、通俗唱法
  - 器乐
    - 基本含义：用乐器演奏的音乐叫器乐
    - 器乐分类
      - 吹奏乐器
      - 弹拨乐器
      - 打击乐器
      - 拉弦乐器
      - 民族器乐
    - 器乐的表演形式：独奏—齐奏—重奏—合奏
    - 器乐曲的体裁形式：交响曲、组曲、协奏曲、序曲、室内乐、前奏曲、进行曲、幻想曲、奏鸣曲、回旋曲、变奏曲

教学目标

知识目标：掌握关于音乐知识的基本体系。

能力目标：能够了解声乐作品特性、分类、演唱方法，器乐作品的分类特性。

素质目标：实践声乐演唱基本方法，试听不同类别的声乐作品和器乐作品。

第一节　音乐概论

【经典举要】

在那遥远的地方（歌曲）

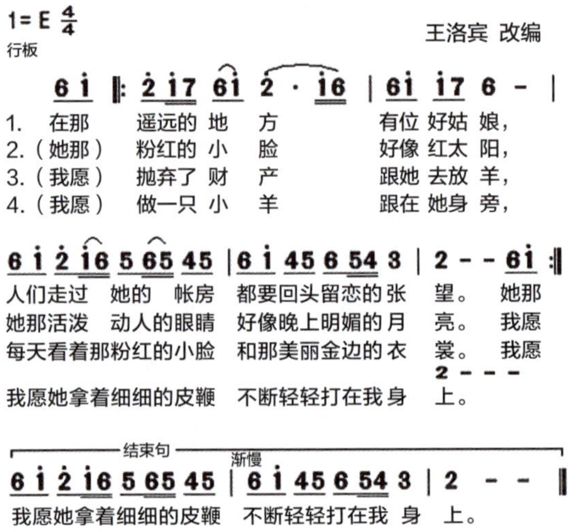

《在那遥远的地方》是一首由王洛宾创作的民歌，是电影《小城之春》的插曲。1994 年，王洛宾凭借该曲获得了联合国教科文组织东西方文化交流特殊贡献奖，被誉为“艺术里的珍品，皇冠上的明珠”。

文化链接

一、音乐的基本概念

音乐是反映人类现实生活情感的一种艺术。

音乐可以分为声乐和器乐两大类型，又可以粗略地分为古典音乐、民间音乐、原生态音乐、现代音乐（包括流行音乐）等。在艺术类型中，音乐具有抽象性，音乐从历史发展上可分为东方音乐和西方音乐。东方音乐是以中国汉族音乐为首的五声音阶，即宫、商、角、徵、羽；西方音乐是以七声音阶为主。音乐让人赏心悦目，并为大家带来听觉上的享受。音乐能提高人的审美能力，净化人们的心灵，树立崇高的理想。我们通过音乐来抒发我们的情感，使我们的很多情绪得到释放。

二、音乐的发展历史

音乐是指有旋律、节奏或和声的人声或乐器音响等配合所构成的一种艺术。

人类社会究竟是从什么时候开始的，已经无法考察。但是早在人类还没有产生语言时，就已经知道利用声音的高低、强弱等来表达自己的意思和感情。随着人类劳动的发展，逐渐产生了统一劳动节奏的号子和相互间传递信息的呼喊，这便是最原始的音乐雏形；当人们庆贺收获和分享劳动成果时，往往敲打石器、木器以表达喜悦、欢乐之情，这便是原始乐器的雏形。

三、音乐的基本分类

一些音乐作品是通过人声表达的，这样的作品被称为声乐作品，有一些作品是用乐器演奏的，这样的音乐作品被称为器乐作品。世界上一切音乐作品都包括在“声乐”和“器乐”这两大类别。

（一）声乐

声乐作品又可根据其形式、风格的不同分成歌曲、说唱音乐、戏曲音乐、歌剧音乐等不同体裁。歌曲是一种小型的音乐体裁，包括民歌、艺术歌曲、通俗歌曲、儿童歌曲等。从形式上可分成独唱、齐唱、重唱、对唱、合唱、轮唱等。说唱音乐是指曲艺音乐，包括单弦、大鼓、清音、评弹、数来宝、琴书、二人转、道情、渔鼓等。戏曲音乐是指京剧、豫剧、越剧、花鼓戏、采茶戏、黄梅戏、评剧、汉剧，以及其他的地方戏的音乐。歌剧音乐不像戏曲音乐那样有固定的程式和传统的唱腔。歌剧音乐是作曲家使用民族音调和富有时代色彩的音乐语言创作的戏剧音乐。

（二）器乐

器乐作品可分成独奏曲、重奏曲和合奏曲。独奏曲范围很广。几乎各种乐器都有独奏曲。中国的二胡、琵琶、板胡、笛、箫、葫芦丝、唢呐、扬琴、笙、古琴、筝、柳琴、木琴等，都不乏著名的独奏曲。西洋乐器亦如此，如小提琴、钢琴、吉他、电子琴等乐器的独奏曲。重奏曲在中国民间不太多见。但在欧洲，弦乐四重奏、木管五重奏等却有很多优秀作品问世，并在世界各地流传。合奏曲是指多种乐器演奏同一乐曲作品。在合奏曲中，各个乐器既充分发挥各自的性能和特长，又按一定的和声规律相互协调配合。在中国的民族器乐合奏曲中，江南丝竹和广东音乐占了很大比重。用西洋

古琴

的铜管乐器、木管乐器、弦乐器及打击乐配合演奏的乐曲称为管弦乐。管弦乐在17世纪的欧洲有了显著的进步，当时的体裁包括组曲、序曲、赋格曲、幻想曲、随想曲、狂想曲、协奏曲，以及对曲式有较严格要求的交响曲、交响诗。

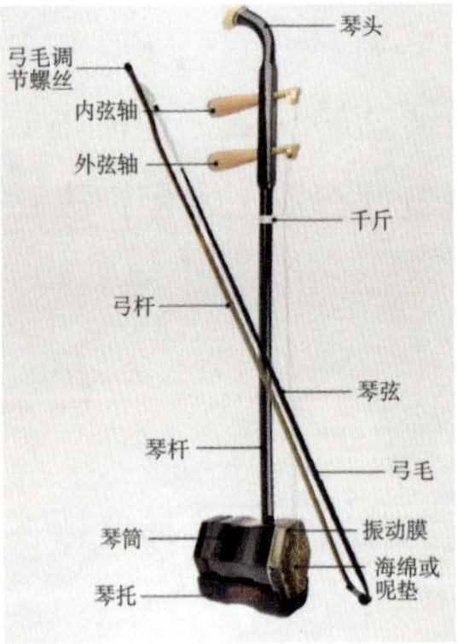

二胡

琵琶

箫

四、音乐的基本要素

音乐基本要素：音乐的基本要素是指构成音乐的各种元素，包括音的高低，音的长短，音的强弱和音色。由这些基本要素相互结合，形成音乐的常用的“形式要素”，例如曲调、节奏、和声以及力度、速度、调式、曲式、织体、音色等。形式要素就是音乐的表现手段。音乐的最基本要素是旋律和节奏。

五、音乐的记谱法

在中国几千年的音乐文化发展史上，曾经产生过许多种记谱方式，如减字谱、律吕字谱、宫商字谱、工尺谱等，人们用它来记录、保存和传播转瞬即逝的音乐。但是，由于这些记谱法的复杂、烦琐和不精确，所以除了减字谱还在古琴记谱中使用，工尺谱在民间还有些老艺人在使用外，其他的几种记谱方式已经逐渐地被人们遗忘了。在中国近代、当代的音乐生活中，人们记录音乐常用的两种记谱方式——五线谱与简谱，都不是中国的“土产”，而是从国外传进来的。

（一）简谱记谱法

简谱又名数字谱，它用1、2、3、4、5、6、7代表音阶中的7个基本音级，休止以0来表示，通过在数字的上面或下面加点表示高八度或低八度；在数字的后面或下面加短横线表示时值的长短，是一种简洁、直观的记谱法。

简谱在20世纪初，于学堂乐歌时期经日本传入我国，经过早期音乐教育人士的大力推广及20世纪30年代抗战救亡歌咏运动的开展，在我国迅速普及，成为国内音乐教育、表演、传播的主要记谱方式。

（二）五线谱记谱法

五线谱是世界上使用最广泛的记谱方法，它用音符的符头在五条平行横线上位置的高低来记录乐音的高低，用音符的不同形状表示音的长短。与简谱相比较，五线谱有标示乐音音高较为直观、容纳音乐信息量大的优点，在记写音域宽广、声部众多、转调频繁的大型乐曲时，五线谱比简谱更有优势，因此，它广泛应用于专业音乐领域。

六、笔者观点

音乐是用组织音构成的听觉意象，来表达人们的思想感情与社会现实生活的一种艺术形式，也是最能即时打动人的艺术形式之一。旋律响起，人们往往无法抗拒的立即处于音乐的氛围当中。任何一种艺术形式都有自己表情达意、塑造艺术意象的表现形式。比如舞蹈是通过肢体动作、面部表情，绘画是通过线条、色彩、构图，文学是通过字、词、句、篇来体现艺术意象。通常，人们正是以表现手段的不同来区分艺术的不同种类，例如不同的乐器。音乐还能表现出乐手们和音乐创作者的用心。

思考探究

本节课所讲的音乐的分类分为“声乐”和“器乐”这两大类别，你更喜欢哪一类？

课堂小测

1.（多选题）中国汉族音乐为首的中国古代音乐理论基础是五声音阶，包括（　　）。

A．宫　B．商　C．角　D．徵　E．羽

2.（多选题）西方音乐是以七声音阶为主的包括（　　）。

A．do　B．re　C．mi　D．fa　E．so

F．la　G．si

3.（多选题）世界上一切音乐作品都包括哪两大类别？（　　）

A．声乐　B．器乐　C．弦乐

4.（多选题）音乐基本要素包括（　　）。

A．音的高低　B．音的长短　C．音的强弱　D．音色　E．节奏

5.（多选题）音乐的记谱方式中最常用的是（　　）。

A．简谱　B．五线谱　C．工尺谱

情景实训

利用所学音乐知识选择一首歌曲或乐曲，模仿指挥家进行指挥，要求：要符合音乐节拍并且有情绪的波动起伏。

第二节　声乐之美

【经典举要】

我和我的祖国

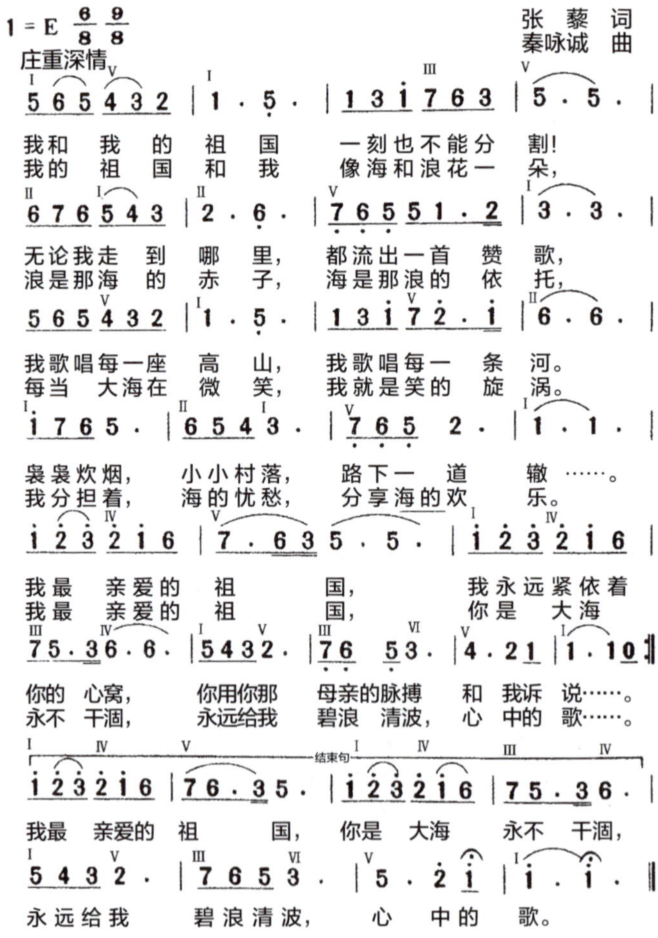

《我和我的祖国》是以第一人称的手法诉说了“我和祖国”息息相关、一刻也不能分离的心情，而作为歌词，作者运用了两个具象化的比喻：其一，“我和我的祖国”是子女和母亲之间的关系；其二，“我的祖国和我”是大海与浪花之间的关系。前者是情因，抒发的是母与子眷眷与拳拳之情，后者是情据，感受的是大海与浪花的依托与忧乐之据。“我和我的祖国”“我的祖国和我”的永恒的关系式，更是亘古不变的情感。如果要寻找一下人类共同而高尚的精神情感，且是不分国籍不分民族的情感，那只有一个唯一的答案，就是爱国主义，这就是全人类共有的永恒的主题。

作曲家在力求获得准确、生动的音乐形象的同时，还要注重对旋律与语言风格上的把握。曲作者十分懂得生活中的语言或者说生活中的语言节奏与音乐中的旋律节奏结合的规律，在使听众听得清、听得懂的基础上，保持了应有的线条美和律动美，从而创造了楚楚动人的音乐形象和丝丝入扣的情感表达。歌曲采用舒展流畅的旋律，6/8、9/8 的三拍子，有主歌有副歌的并列二部曲式结构，不强调装饰性，而让其自然流露，这样既朴实大方，又亲切感人，生动形象地表现了每一个人和生他养他的祖国的血肉联系，可以这样说，在词曲结合的领域中，已经达到了相当大程度上的“恰到好处”。因此，《我和我的祖国》是一首具有永久魅力且深受人们喜爱的抒情歌曲。

文化链接

一、九大音乐学院

九大音乐学院是指中国大陆地区最具知名度、专业度和地域代表性的九所音乐高等院校，包括中央音乐学院、中国音乐学院、上海音乐学院、四川音乐学院、天津音乐学院、星海音乐学院、武汉音乐学院、沈阳音乐学院、西安音乐学院。

1．中央音乐学院

中央音乐学院简称“央音”，位于北京市。学院成立于 1949 年，是一所培养高级专门音乐人才的高等学府，直属于中华人民共和国教育部，是全国艺术院校中唯一的一所“211 工程”重点建设大学。中央音乐学院在继承中华民族音乐传统和经验的同时，不断吸纳世界各国、各民族的优秀音乐文化，以博大的胸怀，容纳各种学术力量，保持旺盛的活力。

2．中国音乐学院

中国音乐学院简称“中音”，位于北京市，是以国学为根基，独具中国音乐教育和研究特色，培养从事中国音乐理论研究、创作、表演和教育的高级专门人才的高等音乐学府；以办学理念“承国学、扬国韵、育国器、强国音”为指导，素有“中国音乐家的摇篮”“中国音乐的殿堂”之美誉。

3．上海音乐学院

上海音乐学院简称“上音”，上海音乐学院前身是革命家、教育家、思想家蔡元培先生和音乐教育家萧友梅博士于 1927 年 11 月 27 日共同创办的国立音乐院。首任院长为蔡元培先生。1929 年 9 月更名为国立音乐专科学校。中华人民共和国成立后，于 1956 年定名为上海音乐学院。上海音乐学院作为中国历史最悠久的高等音乐学府，在多年的发展历程中已经在经典严肃音乐的创作、表演和研究方面积累了雄厚的学科基础。1949—1984 年，著名作曲家、音乐理论家、音乐教育家贺绿汀担任院长（后任名誉院长），为学校的建设及发展做出了卓越的贡献。

4．四川音乐学院

四川音乐学院简称“川音”，位于四川省成都市，是一所以“音乐”为主要办学特色的省属全日制普通本科高等院校，为中国九所独立设置的专业高等音乐学院之一，拥有硕士学位授予权，同时是首批获得国务院学位委员会批准的艺术硕士（MFA）专业学位授予单位。四川音乐学院有锦江校区和新都校区 2 个校区。

5．天津音乐学院

天津音乐学院位于天津市。学院前身是 1950 年创办于天津的中央音乐学院。经过半个多世纪的建设，已经发展成为北方地区重要的培养音乐、舞蹈、戏剧、影视专门人才的高等艺术教育学府。学院为国务院批准的首批硕士学位授予单位。

6．星海音乐学院

星海音乐学院，位于广东省广州市，是华南地区唯一的高等音乐专业学府；孕育了冼星海、萧友梅、马思聪、李凌等一批引领中国近现代音乐文化潮流的杰出音乐家。星海音乐学院的历史可追溯到 1932 年由中国现代音乐教育先驱马思聪、陈洪先生创办的广州音乐院；1985 年 12 月，为纪念广东籍人民音乐家冼星海，更名为星海音乐学院。

7．武汉音乐学院

武汉音乐学院坐落于武昌古城，老校区位于湖北省武汉市武昌区解放路 255 号，毗邻的新校区位于武昌区张之洞路 1 号，是全国 9 所独立设置的音乐学院之一，也是中国中部地区唯一独立设置的高等音乐学府。

8．沈阳音乐学院

沈阳音乐学院是中国东北地区唯一一所历史悠久、具有光荣传统的高等音乐艺术院校。缘起于 1938 年由毛泽东、周恩来等老一辈无产阶级革命家发起、创立的中国共产党第一所艺术院校——延安鲁迅艺术学院。抗日战争胜利后，学院由延安迁至东北，落户沈阳，并于 1958 年更名为沈阳音乐学院。

9．西安音乐学院

西安音乐学院简称“西音”，坐落于世界历史名城古都西安。学院创建于 1949 年。前身是贺龙元帅在晋绥边区创建的“西北军政大学音乐部”。1950 年改称“西北艺术学院”；1953 年调整为“西北艺术专科学校”；1956 年学校音乐、美术两系分别建校，音乐系改建为“西安音乐专科学校”，1980 年恢复“西安音乐学院”建制。

二、声乐

声乐是指用人声演唱的音乐形式。声乐是以人的声带为主，配合口腔、舌头、鼻腔作用于气息，发出的悦耳的、连续性、有节奏的声音。按音域的高低和音色的差异，可以分为女高音、女中音、女低音和男高音、男中音、男低音。每一种人声的音域，大约为两个八度。声乐包括：美声唱法、民族唱法和通俗唱法，2006 年中国又出现了原生态唱法。通常声乐是指美声唱法。

古人云：丝不如竹，竹不如肉。意思是说丝弦弹拨的曲子不如竹木吹出的曲子动听，而竹木吹出的曲子又比不上人的喉咙唱出的歌曲动人。这是一句评论音乐的妙语，它盛赞了声乐的艺术魅力，认为人的声音最能将人的情感酣畅淋漓地表达出来。

三、声乐的功能特性

声乐的功能特性有如下几种。

1．隐性特征

靠感觉、想象、揣摩、悟性。

2．情感表达

通过歌者理解并体会感受作品内容，用歌声表达出来。

3．愉悦审美

自娱—娱人、抒发情感。

四、人声分类

音乐中的人声，主要可以分为男声、女声和童声。男声和女声依据不同嗓音的色彩及音域，又可以分为高音、中音和低音。

1. 女声

女高音（抒情、花腔、戏剧）、女中音、女低音。

2. 男声

男高音（抒情、戏剧）、男中音、男低音。

3. 童声

变声期之前的称为童声。

五、声乐演唱形式

声乐的演唱形式有如下几种。

1. 独唱

一个人单独演唱歌曲，称为“独唱”。人声分类中的任何声部都可以担任独唱。演唱时一般用钢琴或小乐队伴奏，有时还可加入人声伴唱。独唱要求演唱者有较高的艺术素养和较好的歌唱技巧，独唱者是音乐作品的解释者和表现者，他（她）直接运用“声”和“情”对音乐作品进行艺术的再创造。

2. 齐唱

很多人一起演唱单声部的歌曲，称为“齐唱”。齐唱的人数多少不限，可以是男女混声齐唱，也可以是男声齐唱或女声齐唱。齐唱时，可以用乐器伴奏，也可以不用乐器伴奏。齐唱要求歌声整齐、统一、洪亮。齐唱歌曲大都富于战斗性和号召力，是群众歌咏活动中的主要形式。

3. 合唱

将许多人分成几个声部，同时演唱有两个或两个以上不同曲调的歌曲，称为“合唱”。常见的合唱形式有：混声二部合唱（由男女声混合组成），混声四部合唱（由女高音、女低音、男高音、男低音四个声部组成），同声合唱（分男声、女声、童声的二部、三部合唱）等形式。合唱一般用钢琴或乐队伴奏，但也有不用乐器伴奏的，称为“无伴奏合唱”。合唱有着丰富的表现力，讲究整体音响的和谐与协调，要求各声部的音色相应统一，音量相应平衡，各声部的出现有层次。另外，对各声部的音准、节奏、力度、速度都有严格的要求。

4. 领唱

在齐唱或合唱中，由一个人单独演唱一个乐段或一些乐句的，称为“领唱”。

领唱部分一般与齐唱或合唱部分构成呼应，形成对比。

5．对唱

两个人或两组人做对答式的演唱，称为“对唱”。对唱有男女声对唱、男声对唱、女声对唱等形式。对唱大多是单声部歌曲，气氛热烈而欢快。

6．重唱

多声部的歌曲每声部只有一人（或二人）演唱的，称为“重唱”。重唱有男女声二重唱，男声或女声重唱（包括二重唱、三重唱、四重唱）等形式。重唱和对唱的主要区别，就在于重唱是以多声部（两个声部或两个声部以上）的形式出现。但是有的歌曲往往将对唱和重唱结合在一起。如黄河大合唱中的《河边对口曲》，先是甲、乙两两男声对唱，然后将甲、乙两个曲调叠置起来，组成重唱。

7．轮唱

将许多人分成两个或三个、四个声部，各声部相隔一定的拍数，先后演唱同一曲调，称为“轮唱”。轮唱时，各声部形成此起彼落、相互呼应的热烈气氛。这种手法称为“卡农”，是复调音乐的一种。

8．小组唱

一个小组的人同时来演唱一首单声部的歌曲，称为“小组唱”。小组唱实际上是齐唱的一种形式，只不过人数较少而已。如果演唱的是多声部歌曲，则称为“小合唱”。

9．表演唱

演唱歌曲时，边唱边做动作，这种有动作表演的演唱，称为“表演唱”。表演唱在演唱方面往往采取对唱或小组唱形式。

10．大联唱

围绕一个特定的专题，选择内容有关的歌曲，并采用诗朗诵或乐曲联奏等方法，将各歌曲连贯起来进行演唱，称为“大联唱”，大联唱不一定局限于齐唱，可能还包括独唱、合唱、轮唱等多种声乐演唱形式。

六、声乐演唱方法和风格

1．美声唱法

美声唱法渊源于意大利，它是从 17 世纪开始经历长时期发展而形成的一整套声乐艺术的技法，有着完整的理论体系。美声唱法强调气息的控制和共鸣的运用，它要求发音纯净、柔美、明亮，能在整个歌唱音域的范围内保持声音的均匀、圆润、毫不费力地演唱华彩、辉煌的作用，并积累了一套对高音、假声、轻声等演唱技巧训练的方法。美声唱法对世界各国声乐艺术的发展有着深远的影响。著名的男高音歌唱家，杰出的歌剧演员卡鲁索（1873—1921年），是意大利美声乐派的最重要的奠基者。当今著名的男高音歌唱家帕瓦罗蒂（意大利籍）和多明戈（西班牙籍），是意大利美声学派的优秀代表者。三大男高音歌唱家是帕瓦罗蒂、多明戈、卡雷拉斯，他们的国籍分别是意大利、西班牙、西班牙。

2. 民族唱法

民族唱法是指我国传统的民族声乐演唱方法，它包括我国各地区各种不同的戏曲、曲艺、民歌的传统唱法。民族唱法十分强调语言和音乐的关系，讲究根据演唱语言的发音规律来处理发声、共鸣、行腔，讲究字音的五音、四呼、出声、归韵、收声。民族唱法具有浓郁的中华民族气质、个性、风格。自元、明、清以来，不断有一些系统的唱法论著问世，如：[元]燕南芝庵的《唱论》，[明]魏良辅的《曲律》，[明]沈宠绥的《度曲须知》，[清]徐大椿的《乐府传声》，[清]李渔的《闲情偶寄》等。

3. 通俗唱法

通俗唱法是在我国20世纪80年代逐渐兴起的，它作为一种世界性的通俗文化的组成部分，已受到我国民众的普遍欢迎。通俗唱法也可称为流行唱法，具有通俗性、自娱性等艺术特色，擅长抒发以个人为主体的内心情感。一般说来，其演唱注重掌握语言的韵律，讲究吐词、咬字的清晰、委婉，并在演唱中经常运用轻声、气声以及颤音、滑音、音色变化等装饰性技法。通俗唱法目前尚未形成系统的发声训练体系。

七、结论

声乐艺术是以情感抒发和交流为目的，在不同时期、不同条件的不断演变、发展过程中，人们的审美需求和标准也在不断地发生变化，各种唱法的讨论必将不断地延续下去，无疑，这对于声乐艺术的进一步发展有着极其积极的作用和意义。

思考探究

本节课所讲的声乐的演唱方法分为“美声唱法”“民族唱法”“通俗唱法”三种，你更喜欢哪一种？

课堂小测

1.（多选题）中国九大音乐学院包括中央音乐学院、中国音乐学院、上海音乐学院、武汉音乐学院、四川音乐学院和（　　）。

A．星海音乐学院　　B．天津音乐学院

C．沈阳音乐学院　　D．西安音乐学院

2．民乐典故“三月不知肉味”讲的是谁的故事？（　　）

A．老子　　B．孔子　　C．庄子

3．民乐典故“余音绕梁”讲的是谁的故事？（　　）

A．嫦娥　　B．韩娥　　C．乐娥

4．（多选题）从声乐的角度看，女声可以分为（　　）。

A．女高音　　B．女中音　　C．女低音

5．（多选题）声乐的演唱方法是（　　）。

A．美声唱法　　B．民族唱法　　C．通俗唱法

情景实训

利用所学音乐知识选择歌曲《我和我的祖国》进行学唱，同时也可以选择现代流行歌曲进行学唱。要求：音准和节奏要准确，准确表达作品内涵。

第三节　器乐之美

【经典举要】

春节序曲

《春节序曲》是《春节组曲》的第一乐章，正式名称为《春节组曲　第一乐章·序曲——大秧歌》。它经常被抽出来单独演奏，是我国著名作曲家、音乐理论家李焕之基于延安时期的生活体验，在 20 世纪 50 年代创作的一部作品，展现的是当年革命根据地的人们在春节时热烈欢庆的场面。它的旋律曲调雅俗共赏，加之其表现的主题是非常具有群众基础的盛大节日，因而从它诞生之后，逐渐演变成了附加在“春节”之上的小传统。尤其是电视春晚流行后，此曲也更加为人所熟知了。

春节序曲

1=D 2/4　　（民乐简易版）　　李焕之 曲

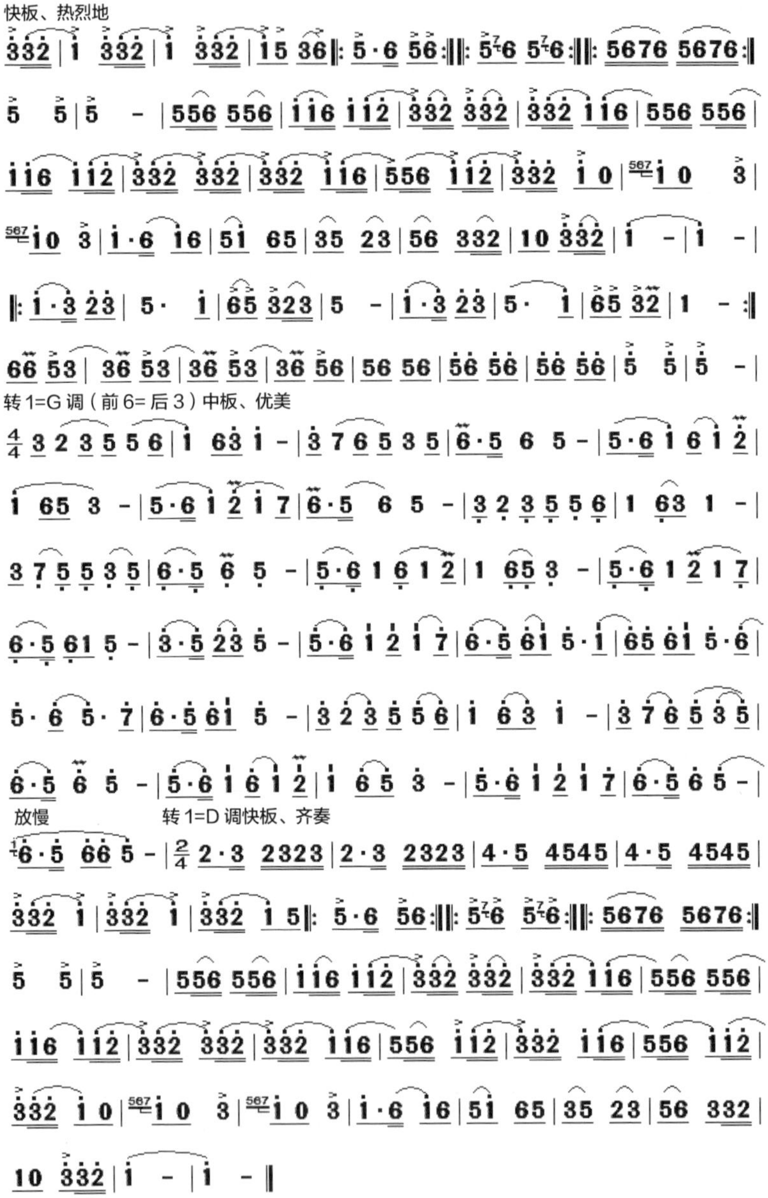

这首乐曲是采用我国民间的秧歌音调、节奏与陕北民歌为素材创作的管弦乐曲。作者以中国传统节日“春节”为题，展现了一幅革命根据地人民在春节时热烈欢腾的场面以及团结友爱、互庆互贺的动人图景。

文化链接

一、器乐的基本含义

器乐是相对于声乐而言，完全使用乐器演奏而不用人声或者人声处于附属地位的音乐。演奏的乐器可以包括所有种类的弦乐器、木管乐器、铜管乐器和打击乐器，有的器乐曲也应用部分人声作为效果，但部分作曲家有时也加入一些人声，例如《贝多芬第九交响曲》的《欢乐颂》合唱部分，但总的来说交响曲属于器乐而不属于声乐。另外像人声演奏的口哨、哼唱等也经常被加入到器乐曲中增加某些效果。

二、器乐的历史演变

纯器乐的创作和演奏活动是十分久远的。《战国策》中所说的“临淄甚实而富，其民无不吹竽、鼓瑟、击筑、弹琴。”说明当时民间器乐的演奏活动是何等活跃。大家熟知的“伯牙鼓琴遇知音”的故事，说的是伯牙出神入化的演奏，子期心领神会。一个善弹，一个善听，于是二人结成生死之交。在隋唐时期，琵琶是“大曲”乐队中的主奏乐器之一，且琵琶名家迭出，技艺高超，新调繁兴。唐代“诗魔”白居易，在他写的《琵琶行》一诗中，对琵琶音乐做了极其生动的描述：

大弦嘈嘈如急雨，小弦切切如私语。
嘈嘈切切错杂弹，大珠小珠落玉盘。
银瓶乍破水浆迸，铁骑突出刀枪鸣。
曲终收拨当心画，四弦一声如裂帛。

唐殷安节著的《琵琶录》，对当时的琵琶艺术做了记述，其中长安天门街斗乐一则，情节生动有趣，寓意深刻。故事说天门街东有一康昆仑，号称琵琶第一手，他在祈雨时登彩楼弹奏了一曲新翻羽调《绿要》，以为街西无人可与他匹敌，不料街西彩楼上走出一女郎，声言我也弹《绿要》，并把它移于风香调。言毕弹奏时拨弦如雷，绝妙入神。这使昆仑十分震惊和敬佩，求拜女郎为师。谁知女郎更衣后出来与昆仑相见时，乃是庄严寺和尚殷善本也。

自宋以后，除了宫廷音乐和寺庙音乐中的器乐、古琴音乐、琵琶音乐等以外，其他器乐表现形式有用箫管、笙、嵇（jī）琴、方响等乐器合奏的“清乐”；用笙、笛、方响、小提鼓、拍板、扎子等合奏的“清乐”；一二件乐器合奏的“小乐器”；用胡琴、琵琶、三弦和筝合奏的“弦索”；用笛、管、箫、弦，提琴、云锣、汤锣、木鱼、檀板、大鼓等乐器合奏的“十番鼓”，以及“丝竹”“吹打”“锣鼓”“十番锣鼓”等。可以这样说，现代流行的各种民间合奏、乐器独奏，都是传统民族器乐表演形式的传承和发展。

中华人民共和国成立后，民族器乐进入了一个新发展时期。在发展新的表演形式、整理改编传统曲目和创作新曲等方面，都取得了非常喜人的成绩，为世人所瞩目。

三、乐器分类

1．吹奏乐器

中国吹奏乐器的发音体大多为竹制或木制。根据其起振方法不同，可分为三类：第一类，以气流吹入吹口激起管柱振动的有箫、笛（曲笛和梆笛）、口笛等；第二类，气流通过哨片吹入使管柱振动的有唢呐、海笛、管子、双管和喉管等；第三类，气流通过簧片引起管柱振动的有笙、抱笙、排笙、巴乌等。

由于发音原理不同，所有乐器的种类和音色都极为丰富多彩，个性极强。并且由于各种乐器的演奏技巧不同以及地区、民族、时代和演奏者的不同，使民族器乐中的吹奏乐器在长期发展过程中形成极其丰富的演奏技巧，具有独特的演奏风格与流派。典型乐器：笙、芦笙、排笙、葫芦丝、笛、管子、巴乌、埙、唢呐、箫。

2．弹拨乐器

中国的弹拨乐器分为横式与竖式两类。横式，如筝（古筝和转调筝）、古琴、扬琴和独弦琴等；竖式，如琵琶、阮、月琴、三弦、柳琴、冬不拉和扎木聂等。弹奏乐器音色明亮、清脆。右手有戴假指甲与拨子两种弹奏方法。右手技巧得到较充分发挥，如弹、挑、滚、轮、勾、抹、扣、划、拂、分、摭、拍、提、摘等。右手技巧的丰富，又促进了左手的按、吟、擞、煞、绞、推、挽、伏、纵、起等技巧的发展。弹奏乐器除独弦琴外，大都节奏性强，但余音短促，须以滚奏或轮奏长音。弹拨乐器一般力度变化不大。在乐队中除古琴音量较弱外，其他乐器声音穿透力均较强。弹拨乐器除独弦琴外，多以码（或称柱）划分音高，竖式用相、品划分音高，分为无相、无品两种。除按五声音阶排列的普通筝等外，一般都便于转调。各类弹奏乐器演奏泛音有很好的效果。除独弦琴外，皆可演奏双音、和弦、琶音和音程跳跃。中国弹奏乐器的演奏流派风格繁多，演奏技巧的名称和符号也不尽一致。典型乐器：琵琶、筝、扬琴、七弦琴（古琴）、热瓦普、冬不拉、阮、柳琴、三弦、月琴、弹布尔。

3．打击乐器

中国民族打击乐器品种多，技巧丰富，具有鲜明的民族风格。根据其发音不同可分为：①响铜，如大锣、小锣、云锣、大、小钹，碰铃等；②响木，如板、梆子、木鱼等；③皮革，如大小鼓、板鼓、排鼓、象脚鼓等。中国打击乐器不仅是节奏性乐器，而且每组打击乐群都能独立演奏，对衬托音乐内容、戏剧情节和加重音乐的表现力具有重要的作用。民族打击乐器在中国西洋管弦乐队中也常使用。民族打击乐可分为无固定音高和有固定音高的两种。无固定音高的如大、小鼓，大、小锣，大、小钹，板、梆、铃等；有固定音高的如定音缸鼓、排鼓、云锣等。典型乐器：堂鼓（大鼓）、碰铃、缸鼓、定音缸鼓、铜鼓、朝鲜族长鼓、大锣小锣、小鼓、排鼓、达卜（手鼓）、大钹。

4．拉弦乐器

拉弦乐器主要指胡琴类乐器。其历史虽然比其他民族乐器较短，但由于发音优美，有极丰富的表现力，同时还有很高的演奏技巧和艺术水平，因此拉弦乐器被广泛使用于独奏、重奏、合奏与伴奏。拉弦乐器大多为两弦，少数用四弦，如四胡、革胡、艾捷克等。大多数琴筒蒙的是蛇皮、蟒皮、羊皮等；少数用木板如椰胡、板胡等。少数是扁形或扁圆形如马头琴、坠胡、板胡等。其音色有的优雅、柔和；有的清晰、明亮；有的刚劲、欢快、富于歌唱性。典型乐器：二胡、板胡、革胡、马头琴、艾捷克、京胡、中胡、高胡。

在历史长河中，民族器乐伴随着人民的生活，在逢年过节、婚丧喜庆、迎神庙会等习俗中，在历代的宫廷、官府的礼仪及宗教活动中，都有着大量的器乐演奏活动。同时在歌舞、说唱、戏曲等姐妹艺术中，器乐也得到了发展。

在民族音乐的形成和发展中，器乐常常与歌、舞结合为一体。如《周礼·春官》记载中说的“大司乐……而分乐而序之，以祭，以享，以祀，乃奏黄钟，歌大吕，舞《云门》，以祀天神。”组成唐大曲的三大部分，第一部分为“散序”，是纯器乐演奏，而第二部分“中序”和第三部分“破”（或“舞遍”）中，器乐与歌、舞相结合。又如周代的琴歌（自弹自唱）、间歌（奏与唱相间）；秦汉时的鼓吹（以打与吹为主，还常加入歌唱）、相和歌（丝竹与歌唱相和），以及宋代的秧歌和说唱；明代的戏曲艺术中，器乐除有一些单独演奏的段落外，它主要是与歌、舞相结合。在民族音乐的传承中，不断涌现一些将声乐曲和舞曲加以器乐化加工而发展成独立的器乐曲。

四、中国古代十大名曲

中华古韵，向有中国十大名曲一说。分别为《高山流水》《广陵散》《平沙落雁》《梅花三弄》《十面埋伏》《夕阳箫鼓》《渔樵问答》《胡笳十八拍》《汉宫秋月》和《阳春白雪》。据专家考证，这些古代中国名曲的原始乐谱大都失传，今天流传的不少谱本都是后人委托之作。这些乐曲被历代乐师冠以十大古曲名，以历史典故为旁衬，从而借古人之旧事以壮声势。

五、经典赏析《梁祝》

《梁山伯与祝英台》是中国汉族民间四大爱情故事之一，其他三个分别是《白蛇传》《孟姜女哭长城》《牛郎织女》。其中，《梁山伯与祝英台》是中国最具魅力的口头传承艺术及国家级非物质文化遗产，也是唯一在世界上产生广泛影响的中国民间传说。自西晋始，在民间流传已有一千七百多年，可谓中国家喻户晓，流传深远，被誉为爱情的千古绝唱。从古至今，有无数人被梁山伯与祝英台的悲惨爱情所感染。《梁山伯与祝英台》与《罗密欧与朱丽叶》齐名。

故事基本内容：东晋时期，浙江上虞县祝家庄，玉水河边，有个祝员外之女祝英台，美丽聪颖，自幼随兄习诗文，慕班昭、蔡文姬的才学，恨家无良师，一心想往杭州访师求学。祝员外拒绝了女儿的请求，祝英台求学心切，伪装成卖卜者，对祝员外说："按卦而断，还是让令爱出门的好。"祝父见女儿乔扮男装，一无破绽，为了不忍使她失望，只得勉强应允。祝英台女扮男装，远去杭州求学。途中，邂逅了赴杭求学的会稽（今绍兴）书生梁山伯，一见如故，相谈甚欢，在草桥亭上撮土为香，义结金兰。不一日，二人来到杭州城的万松书院，拜师入学。从此，同窗共读，形影不离。梁山伯与祝英台同学三年，情深似海。祝英台深爱梁山伯，但梁山伯却始终不知她是女子，只念兄弟之情，并没有特别的感受。祝父思女，催归甚急，祝英台只得仓促回乡。梁山伯与祝英台分手，依依不舍。在十八里相送途中，祝英台不断借物抒意，暗示爱情。梁山伯忠厚纯朴，不解其故。英台无奈，谎称家中九妹，品貌与己酷似，愿替梁山伯做媒，可是梁山伯家贫，未能如期而至，待梁山伯去祝家求婚时，岂知祝父已将祝英台许配给家住鄮城（今鄞县）的太守之子马文才。美满姻缘，已成泡影。二人楼台相会，泪眼相向，凄然而别。临别时，立下誓言：生不能同衾，死也要同穴！后梁山伯被朝廷诏为鄞县（今鄞州区）令。然山伯忧郁成疾，不久身亡。遗命葬于鄮城九龙墟。祝英台闻山伯噩耗，誓以身殉。祝英台被迫出嫁时，绕道去梁山伯墓前祭奠，在祝英台哀恸感应下，风雨雷电大作，坟墓爆裂，祝英台翩然跃入坟中，墓复合拢，风停雨霁，彩虹高悬，梁山伯、祝英台化为蝴蝶，在人间蹁跹飞舞。

《梁山伯与祝英台》是一个美丽、凄婉、动人的爱情故事。乐曲《梁祝》正是以其为创作背景，由我国著名音乐家何占豪、陈钢先生在 1959 年创作完成的，并在同年 5 月 27 日在上海戏剧学院演出。在国外，它被称作"蝴蝶的爱情"而广为流传，得到了各国人民的喜爱和赞赏。全曲分为引子、草桥结拜、英台抗婚、坟前化蝶四个部分。

乐曲《梁祝》，一部像音诗那样优美的旋律，色彩绚丽，曲风华美；既有很高的艺术性，又有很强的民族性。自它出世以来，打动了无数普通中国百姓，成为中国音乐史上的经典之作，随着它在世界音乐舞台上频繁亮相，也成为“千年最伟大的十部经典音乐作品”之一，这是中国人的骄傲。乐曲歌颂了他们忠贞不渝的坚定爱情，表现了人民群众对美好生活的向往。在欣赏这首乐曲的同时，也达到了心灵和情感的升华。

思考探究

你喜欢乐器吗？你会演奏乐器吗？你最喜欢的器乐曲目是什么？

课堂小测

1.《琵琶行》一诗是唐代哪个诗人所作？(　　)

A. 李白　　B. 白居易　　C. 杜甫

2.(多选题)乐器分为哪几类？(　　)

A. 吹奏乐器　　B. 弹拨乐器　　C. 打击乐器　　D. 拉弦乐器

3. 以下乐器哪一个不是吹奏乐器？(　　)

A. 排笙　　B. 葫芦丝　　C. 琵琶

4. 以下乐器哪一个不是打击乐器？(　　)

A. 口笛　　B. 大锣　　C. 小锣

D. 象脚鼓　　E. 木鱼

5.(多选题)《梁山伯与祝英台》是中国汉族民间四大爱情故事之一，其他三个是(　　)。

A.《孟姜女哭长城》　　B.《白蛇传》

C.《牛郎织女》　　D.《高山流水》

情景实训

利用所学音乐知识，谈谈你欣赏中国经典乐曲《梁祝》的感受。

第六章　设计之美

第一节　纹饰之美

【知识框架】

纹饰
- 纹饰的应用：服装、家具、建筑、家居用品、工艺品
- 纹饰的内容：纹饰的发展
- 纹饰文字：字体的选择和合体字的概念与创新
- 纹饰的实用性：古朴—现代　中式—西式
- 纹饰艺术（审美性）
  - 纹饰：图案的设计
  - 文字：书法的选择与构字法

教学目标

知识目标：概括并掌握纹饰的基本内涵。

能力目标：能够对纹饰进行继承发扬和再创新。

素质目标：深入了解纹饰的图案和文字的内涵，体味纹饰上的中华文化。

【经典举要】

[壹] 八宝纹饰

纹饰设计的应用范围非常广泛：包括服装、家具、建筑、各类日常生活用品和工艺品之中。狭义的纹饰通常是指图案，广义的纹饰是指图案与文字等相结合的纹饰。

佛八宝纹饰：藏教以佛八宝纹饰为起始，后来逐步演变成清代盛行的八宝纹饰。

佛八宝简称：轮螺伞盖花罐鱼长，在早期藏族服饰和清代银圆上都有体现。八宝纹饰是佛八宝的一种演绎，把各种吉祥图案列入八宝之中，包括：银锭、火珠、如意、方胜、戟头甚至龙门等图饰，统称为八宝纹饰，是对佛八宝的一种扩展。

佛前供器，藏文称之为“八吉祥相”。由法轮、法螺、宝伞、白盖、莲花、宝罐、金鱼、盘肠八件组成。因为八宝寓意吉祥，所以成为我国传统工艺中的主要纹饰。

七珍八宝均为佛家的法器法宝，含有佛法无边，神通广大，普度众生，如愿吉祥之意。此外，于佛前五供两旁通常还设有灵芝、八卦阴阳轮和珊瑚树，均是取意吉利的装饰供品。在殿内东西两侧，陈放的“磬”和“鼓”，为帝后进香和举行宗教仪式时敲击的法器。

暗八仙纹饰：传说中的八仙所有的法器。也是古代器物和挂饰上常见的纹饰之一，与佛八宝有异曲同工之寓意。

[贰] 合体字

中国古代纹饰多取谐音或暗含祝福语图案，主要用于压胜钱或称花钱、蚊帐勾、箱扣、烟具、陶瓷器、家具、挂饰、首饰等日常物品中，寓意连生贵子、多子多福、喜上眉梢，吉庆平安、和合二仙、福禄（通常古代以葫芦来代表，因为福禄和葫芦是谐音的）等。而文化意蕴深厚且流通广泛的当属铸造在借口钱上的合体字。

合体字是利用文字之间共同的部分借用的方式合成的一种文字表达方式，是古代对文字的一种新的认识和创新。

典型的合体字：黄金万两、招财进宝。古代人民由于生产力比较落后，对富足生活有一种美好向往。孔孟好学也是合体字，共用了一个子字，这代表了古代人民对学习和精神生活的一种向往。

唯吾知足乃中国古代人民对精神境界的一种思考，宋代司马光的《资治通鉴》提到了人的一种素质：“取之有度，用之有节，则常足。”

习近平主席在 2019 年中国北京世界园艺博览会开幕式上的重要讲话中引用此句旨在强调，要倡导简约适度、绿色低碳的生活方式，拒绝奢华和浪费，形成文明健康的生活风尚。

由于“唯吾知足”四个字共同借用了一个口字，通常称为借口钱，也是合体字的一种形式。这种压胜钱通常做成钱币的形状，利用钱币中间的穿口来表示口字，口字若有若无，十分耐人寻味。

《黄金万两》

《招财进宝》

《唯吾知足》

注：本图是唯吾知足的合体字，共用了一个口字，而口字是古币中穿口，似有似无。设计得非常巧妙，现代的很多艺术品设计中都借用了这个方法，这是古为今用的一种文化传承和创新。

文化链接

五供

五供是指中国民间祭祀用盛供品的五件器皿，又称泰山五供、佛前五供。由香炉一只、烛台与花觚各一对，五件器皿成一套，合称五供。摆放于宗祠庙宇，祭奠先祖（或信徒供奉神、佛）用来安放香、花、灯、水果等供品。玉石、铜、锡、瓷、珐琅等各种材质的五供均可见到，大多工艺考究、造型古朴。道教中，也称五供为五献。在拜表、炼度、施食等仪式中都有五供一节。其法乃是将五种献祭品，即香、花、灯、水果献于神坛之上。

厌胜钱

厌胜钱也称为民俗钱或花钱，也称为押胜钱，并非流通币或行用钱。民间一种用作吉利品或避邪物的挂饰，通常是成人佩戴的饰物。它起源于西汉，至清末民初都有铸造。它最初的本义主要是压邪攘灾和喜庆祈福这两大类。到了后来，厌胜钱所用的范围越来越广，诸如开炉、镇库、馈赠、赏赐、祝福、辟灾、占卜、玩赏、戏作、配饰、生肖等，都铸厌胜钱。厌胜钱按不同的用途，大略可分为纪念、厌胜、凭信、上梁、供养、博弈、吉语、成语、戏作等品类。纵观历朝历代的厌胜钱，各种书法、图案内容，多是体现当时的礼俗时尚，因此厌胜钱对考察各朝代的政治、民俗、文化都具有极高的参考价值。

《寿比南山》

注：本图中是一枚挂花，也就是俗称的花钱，即压胜钱。其中面文寿比南山的一种篆书，字体十分巧妙。上面的挂首是个荷叶的形状，是古代挂花常用的一种表达形式。挂上的纹饰是抽象的如意形状，并以日月两字作为挂花的两面的中心，以表示阴阳协调。

思考探究

请你畅想一下，你认为人类最早的纹饰有何目的或者作用？

课堂小测

1. 葫芦在古代的寓意是什么？(　　)

A. 幸福　　B. 吉祥　　C. 福禄　　D. 平安

2. 佛八宝中盘长（盘肠）是现代的什么图案？(　　)

A. 婚嫁图腾　　B. 中国结　　C. 水路标识　　D. 财富象征

3. 佛八宝中的鱼指的是什么？(　　)

A. 双鱼　　B. 一条鱼　　C. 锦鲤　　D. 鲫鱼

创新设计

根据下面的银挂饰图案来发挥自己的想象，请说明设计者所想表达什么样的祈福？（提示：通常不止一种寓意）

寓意：________________

参考答案：多福（蝙蝠）多寿（寿桃），多子（石榴子多的缘由）多福。福在眼（中间的穿口）前。

第二节　图标之美

【知识框架】

图标
- 图 标 的 应 用：企业文化—产品文化
- 图标的设计原则：简洁性—实用性—文化性
- 车　　　　标：国际著名车企车标—国内著名车企车标
- 车 标 的 演 变：以大众车标为例
- 图标车标工业上的工艺要求
- 车标的艺术性

教学目标

知识目标：能概括出车标的基本内涵。

能力目标：能够对车标的设计进行继承发扬和再创新。

素质目标：了解车标的图案和文字的内涵、体会国产车标上体现了中华文化的美感。

【经典举要】

企业各种 Logo 的设计和车标的设计

车标的设计，带有一定工业加工工艺属性要求的结合，如比亚迪的秦、汉、唐、宋车系的车标蕴含着民族汉字文化的因素，均以中文书法中的篆书字体设计的车标（如比亚迪系列 Logo）。车标作为一种现代设计，同其他设计一样遵循着继承并创新，既符合艺术审美的原则又符合工业产品设计标准的要求原则。而工业产品的设计原则主要是实用性、简约性与文化性。

不仅是车标，汽车所有的部件都应遵循工业产品设计的各项原则。汽车的整体外观设计要符合空气动力学的原则和汽车内部的功能性需要，空气动力学要求减小汽车运动的空气产生的气阻，具体例子是车体外形的各处扰流板。汽车内部要求符合人体工程学原理，车内空间大，驾乘人员操作方便、乘坐舒适，车辆的各种工作性能好。

这里我们主要通过几种经典的车标来感受图标之美。

“BMW”是宝马汽车品牌的Logo，“BMW”是巴伐利亚州、发动机、工厂三个德文单词的简写，其中蓝白色分别代表的是蓝天和白云，车标设计得简洁明晰。

德国大众汽车的Logo，是德文“Volkswagen”的简写，“Volks”在德文中表示民众，“wagen”是德文汽车的意思，该车标利用大写V和W上下叠加形成，既有文字内容，又具有简洁鲜明的形状。大众车标由于历史比较久远，在车标第一次设计后又经过几次修改，在总体不变的前提下，通过局部位置的修改赢得当代人的审美观和视觉效果，这种设计理念对其他企业和产品的Logo设计产生了很深刻的影响。

宝马 Logo

大众 Logo

日本本田车标是日文的一个简写，以“H”作为表示，日文除了51个日语音图，还有16个罗马字母，“HONDA”是本田的日文名称而不是英文名称。

国产车的代表比亚迪汽车的Logo以比亚迪三个字拼音的第一字母缩写形成，即为“BYD”，这种设计原则符合中国人的识别习惯和英文的缩写惯例。

本田 Logo

比亚迪 Logo

比亚迪汽车对民族文化有着自己的理解和热爱，体现了对中华民族文化的自信，也是一种比亚迪的企业文化重要内容之一。其中，出品了一系列以篆书中文字体作为 Logo 的车系，其中包括：比亚迪秦、汉、唐、宋、元。

中国五大汽车集团中，一汽是最早的企业，其图标的设计具有浓厚的中国色彩，该 Logo 中间是个阿拉伯数字“1”，外边是汉字“汽”字的一种艺术化，形成的一种对称的简化形状，总体来看很多人会认为是只雄鹰。

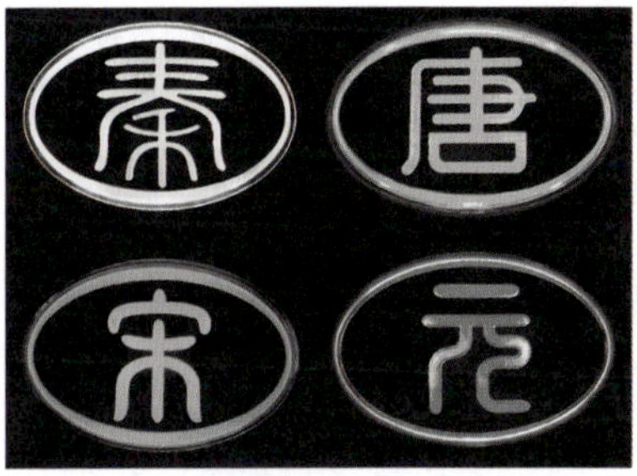

比亚迪系列 Logo

一汽 Logo

特别指出的是：各种图标并不是静态的，大部分车标在总体不变的情况下，对各个细节的布局进行了调整，以便能够更加被当代人们所接受和认可，这也是一种与时俱进的积极做法和理性思维。

文化链接

一、著名德国大众汽车 Volkswagen 的车标历史演变和企业简介

1. 大众车标的历史演变

大众 Logo 演变

1939年至今，大众汽车总共换标七次，但却始终保留着三个V的元素。大众汽车公司由世界著名的汽车设计大师波尔舍创立于1937年，总部设在德国沃尔夫斯堡。

2．大众集团

大众集团包括德国本土的大众汽车公司、奥迪公司以及设在美国、墨西哥、巴西、阿根廷、南非等地的7家子公司。由于大众车型满足不了美国人对大空间的需要，导致销路不畅，因此到后来撤销了在美国的子公司，连设备也一并卖给中国第一汽车制造厂继续生产高尔夫、捷达。使大众公司扬名的产品是“甲壳虫”轿车（由保时捷汽车创始人——费迪南德·保时捷博士设计），该车在20世纪80年代初就已生产了2000万辆。启动了大众公司的第一班高速列车，紧随其后的POLO、高尔夫、帕萨特、捷达等也畅销全世界。

二、汽车标志

（1）车标　一般指汽车标志。汽车标志是指各种汽车品牌的标志，这些标志往往成为汽车企业的代表。汽车的标志包括汽车的商标或厂标等。

（2）车标作用　它们的作用是便于销售者、使用者、维修人员、交通管理部门识别车辆的“身份”。按我国国家规定，新车登记和年度检验时，都要检查这些标志。

（3）分类　首字母作标志（英文首字母或名称简写）：品牌英文车标；象征物件车标；抽象图形标志。

思考探究

设计汽车图标的作用是什么？

课堂小测

1．2017年3月1日，重庆长安汽车股份有限公司启用了新的车标，请说出新车标的基本含义和文化内涵。（　　）

A．拼音形状

B．寓意：领头羊

C．大V的意思

D．长安汽车的英文

长安 Logo

2．车标为什么通常设计得比较简洁？（　　）

A．降低成本需求　　B．视觉和增强记忆需求

C．加工工艺需求　　D．法规要求

3．下面哪个汽车品牌不是中国本土发展的品牌？（　　）

A．CHERY　　B．MG　　C．BYD　　D．CHANGAN

创新设计

以全国互联网＋大学生创新创业大赛（简称：大创赛）参赛为虚拟目的，自行拟定你想参赛的项目名称并为该项目的公司设计一个合适的 Logo，同时形成该 Logo 含义的设计说明书。说明书的内容通常包括：字母或文字的含义，颜色选择的含义，图形的含义以及与该项目内涵的联系。

建议：在网上找免费 Logo 设计的网站，自行选取合适的模板进行设计。

第七章　建筑之美

【知识框架】

- 建筑
  - 建筑的审美特性
    - 艺术性和实用性：雅典卫城—米兰大教堂—圣彼得大教堂—天安门广场
    - 空间延续性和环境特定性：北京中轴线（天安门—故宫博物院—景山—鼓楼—钟楼）
    - 纪念性和象征性：古埃及的金字塔—巴黎埃菲尔铁塔—承德避暑山庄—天坛
  - 建筑的美育功能
    - 培养空间审美感受力和想象力
    - 培养丰富的审美情感
    - 把握深沉的历史文化内涵

教学目标

知识目标：概括并掌握中西古代建筑文化差异。

能力目标：能够说出北京故宫博物院的基本组成。

素质目标：深入认识中国古代建筑里的中华文化，产生爱国情愫。

第一节　建筑的审美特性

【经典举要】

建筑的样式多种多样，住房如非洲的草房，阿拉伯的土拱，西班牙的小楼，北欧的尖顶房，蒙古的毡包，北京的四合院，闽西的土楼，西双版纳的竹楼，西藏的石照楼……公共性的、纪念性的建筑如埃及的金字塔，希腊的神庙和罗马的角斗场，印度的石窟寺，中国的宫殿坛庙陵墓，欧洲的基督教堂，阿拉伯的伊斯兰教大寺，中国和日本、东南亚的佛寺佛塔，法国的官府邸宅花园……还有近代、现代的摩天大楼、展览馆、体育馆、巨跨大桥、火车站、航空港……尽管式样不同，风格各异，却有共同的审美特征。

一、艺术性和实用性

拉丁文“建筑”这个词的原来含义是“巨大的工艺”，古代技、艺不分，故“建筑”一词可理解为巨大的技术或巨大的艺术。恩格斯说，在原始社会末期就有“作为艺术和建筑术的萌芽”，建筑艺术的感染力，主要来源于环境、序列和建筑本身的比例、尺度、韵律，同时还可以借助其他门类艺术给予加强，如雕塑、绘画（主要是壁画）、园艺、工艺美术，甚至音乐都融合到建筑艺术中去。例如，著名的雅典卫城中的巴底隆神庙（也称“雅典娜神庙”），其中有大量的雕塑，分为三大部分：东西两面人字墙上的雕像，饰带浮雕和回檐浮雕。光饰带浮雕就有 500 个人、100 多匹马，长 159 米，宽 56 米，高 1 米。文艺复兴时期罗马西斯廷教堂的天顶画和教堂祭坛后的大墙上的巨幅壁画《最后的审判》是米开朗基罗绘画艺术的丰碑。西斯庭天顶画以圣经《创世纪》为主线，绘画面积 600 平方米，人物有几百个。在中央分别排成九个画面，分别描绘《神分光暗》《创造日月与动植物》《创造水和大地》《创造亚当》《创造夏娃》《原罪、逐出乐园》《诺亚祭献》《洪水》《诺亚醉酒》九个主题。周围再以建构结构等柱壁装饰，把每个画面分隔开。壁画的内容也是圣经上的传统题材。除了常见的利用雕塑和绘画装饰建筑，使建筑更富有艺术性外，也可利用音乐来与建筑融为一体，如佛教寺庙的晨钟暮鼓、基督教堂里圣歌《哈利路亚》等。

但是，建筑无论如何具有艺术性，它首先是人类生存的物质环境。从开始为了防寒去暑，荫蔽安全，到讲究舒适、宽敞，再到艺术上精神享受。几千年来，建筑的实用功能与审美功能，技术性与艺术性总是结合在一起的。而且首先要考虑满足实用性要求，如炎热地带的建筑通透轻盈，寒冷地带的建筑壮实敦厚。我国南方多雨地区的屋顶陡峻，底层空敞，而北方干旱地区则常用平屋顶和半地下室。即使艺术性比重很大的建筑物，比如展览馆、歌剧院、大会堂歌舞厅、高级宾馆等，如果用起来别别扭扭，也会被讥为“华而不实”。

雅典卫城是建立在高出地面 70 米的台地上，主要建筑是山门和三座神庙。三座神庙分别是位于北面的巴底隆神庙、厄勒克西奥神庙和位于南面小规模的胜利女神厄凯庙。卫城根据山势和祭祀活动路线，自由错落地布置建筑物和大量有助于人的感情迸发的雕刻，既可远望又可近观。神庙的建筑在风格上表现了明朗和愉快的情绪，四周的柱廊与入口处是敞开的，供人进进出出，走来走去，随意游憩，不使

巴底隆神庙

人与世隔绝。巴底隆神庙是希腊古典时期保存最完整的建筑，这座神庙每四年要举行一次祭祀雅典娜的活动，全城自由民都聚集到卫城西北角广场上，游行队伍先环绕卫城一周，然后从西面进入卫城，首先通过凯旋门（即山门），便见到高达10米的雅典娜铜像（菲狄阿斯所作），她是整个卫城建筑群的中心。再往前走，庄严肃穆的巴底隆神庙的西门就展现在眼前。当游行队伍沿着巴底隆神庙的柱廊环顾一周时，会受到其中长长的加槽浮雕与饰带浮雕的形象的感染，旋即又在北面看到了另一颇有特色的海神庙的精致雕像。

卫城的布局和神庙的设计是为人们实用的目的服务的。卫城是祭祀庆典场所、宗教文化中心，它代表整个城邦全体公民的利益，任何公民都有权享受宗教祭祀的自由平等权利。所以，它是神庙，却处处表明人的存在，十分重视人的价值，并不想表现超人，把某个个人神秘化，从而在建筑风格上与专制主义的古埃及、罗马帝国截然不同，集中体现了平民阶层的自由民主意识。

意大利米兰大教堂是欧洲中世纪最大的教堂，可供4万人举行宗教活动。它始建于1386年，到1485年才完成。这座教堂全由白色大理石筑成，大厅宽达59米，长130米，中间拱顶最高45米。教堂的特点在于它的外形：尖拱、壁柱、花窗棂，有135个尖塔，像浓密的塔林刺向天空，且在每个塔尖上都有神的雕像。教堂外部总共有2000多个雕像，甚为奇特；内部雕像总共有6000多尊，是世界上雕像最多的哥特式教堂。这个教堂有一个高达107米的尖塔，出于15世纪意大利建筑巨匠伯鲁诺列斯基之手。塔顶上有金色圣母玛利亚雕像，在阳光下显得光彩夺目，神奇而又壮丽。

圣彼得大教堂是一个中央穹隆式的建筑，而不是古典的巴西利卡式，它的四个方面伸出了四个小的穹隆式结构，从而显得极为丰富又不失统一。它的外形具有在罗马式的建筑中才能见到的体积和空间的一致性。但是，设计者勃拉曼特的去世使计划未能付诸现实。米开朗基罗承续了这一工作，他修正了勃拉曼特的图样，但仍然保持着原设计的主要风格。这个巨大建筑物的施工旷日持久，直到 17 世纪才告竣工，由于数次更换建筑师，完成后的建筑物与当初的设计已相去甚远。

北京城的天安门广场。其南北长 880 米，东西宽 500 米，占地面积 44 万平方米。可容纳 100 万人举行盛大的集会、游行，是当今世界上最宏大的城市中心广场和最著名的旅游胜地之一，有中国第一风景名胜之誉。在广场的最北端雄踞着金碧辉煌的天安门城楼。天安门前鲜艳的五星红旗迎风招展、高高飘扬。巍峨的人民英雄纪念碑，耸立于广场中央。碑南是庄严肃穆的毛主席纪念堂，再往南则是高大典雅的正阳门城楼与箭楼（俗称大前门）。

这些宏伟的古今建筑群，自北而南坐落在一条中轴线上，十分令人瞩目。再加上广场西侧的人民大会堂，东侧的中国国家博物馆的有力衬托，整个广场构成了一幅气势磅礴、无比壮观的动人画卷。雄伟的天安门广场是中华民族的光辉标志，是中华人民共和国振兴腾飞的象征。由于这里政治地位显赫，历史文化内涵极其丰富多彩，所以举世闻名，万众向往。每天都有无数中外游人前来这里观光游览、摄影留念和观瞻每日早、晚的升、降国旗仪式，整个广场呈现一派祥和、幸福的美好景象。

二、空间延续性和环境特定性

19 世纪的哲学家、美学家称建筑为“凝固的音乐”，歌德说，在罗马的圣彼得大教堂前广场的椭圆形柱廊里散步，好像在享受音乐的旋律。我国著名建筑家梁思成在观赏北京天宁寺塔之际，为它的竖直方向的韵律所打动，谱成一首乐曲。这种比喻与观赏建筑带来的音乐灵感，是因为建筑本身空间具有延续性。建筑以巨大的形体给人们的感官以感觉和接触。建筑的感知和领悟，是人们在观赏的过程中，随着建筑空间的延续而逐渐铺陈开来。建筑艺术欣赏，在室外如果在一个视点只能看到它的两个面，如果是坡屋顶，也只能看到 3 个面，在室内则至多只能看到 5 个不完整的面。但一所最简单的建筑，从室内到室外至少有 11 个面。人们必须不断地移动自己才能陆续看完它。因此在欣赏时必须由远到近，从外到内，还要回绕重复，最后终结。在这个过程中，酝酿人的情绪，加深印象，达到高潮，留有余味。建筑艺术的空间序列的上述处理，犹如交响乐的序曲、扩展、渐强、高潮、渐弱、休止。

建筑形式中的韵律感同音乐的和谐有共同的规律。建筑的空间序列由窗、柱、门等构成，它们组成天然的节奏。这些节奏有规律地变化和重复，就给人以韵律的感觉。音乐的节奏也是有规律地变化和重复，二者都有相似的数的结构。而建筑的外观的风格和个性，更是与音乐的旋律有共通点，旋律是乐思的灵魂，和其他音乐要素（和声、节奏、音色等）比较起来，旋律最富有个性色彩，也最为风格化。不同的国家、地区、民族、时代，不同个性的作曲家，就会创造出不同风格的旋律。建筑的外观恰如音乐旋律那样富有个性色彩，有不同的风格。

欣赏者如感受音乐般的时间延续，在欣赏建筑中这种时间延续与建筑自身的空间延续是相一致的。如北京的故宫博物院，一座座殿宇建在明确的中轴线上，这条闻名中外的中轴线，从北京城南端永定门向北，经过正阳门、故宫博物院、景山到鼓楼、钟楼，最后收回到北城墙。长达 7.5 千米，纵贯城市南北，成为城市的骨干，城市大小宫殿和最重要的建筑都沿着轴线布置，组成一体。故宫博物院的殿宇正是在这中轴线贯穿下层层递进，有起点和结尾，有迭起的高潮，就像一曲交响乐乐章，具有连续不断的空间序列。从正阳门到天安门前，曾经有一条狭长的千步廊，正是这首壮丽建筑的乐章前奏（民国时拆除了千步廊，“文革”中拆除了北京城墙，梁思成形容城墙是北京城的颈上珍珠、宝石、项链）。走完千步廊是天安门，进入端门、午门、太和门，建筑乐章开始进入高潮。在太和门和太和殿之间，突然变得十分开阔、辽远，无论在深度、高度方面，太和殿都超过任何一座殿宇。这种形体的空间变化，足以烘托太和殿的神圣崇高。在太和殿后面还有中和殿、保和殿，这三殿是皇帝行使权力的地方，占据故宫中最重要、最广阔的空间。后三宫和三大殿比较起来，显得布局紧凑，建筑体量适中，院落深邃。殿宇周围还有大量连续不断的、较为低矮的配房。故宫博物院中一组组房屋有机结合的院落，有的横长，有的纵深，有的空阔，有的狭长，一收一放，一紧一弛，这种空间节奏、旋律就像交响乐中有快板乐章，有慢板乐章，有奏鸣曲，有三段式，有变奏曲，有小步舞曲或谐谑曲。优秀的建筑师都十分重视空间序列的展开，尽量延长观赏者的时间流程，用时间烘托空间。这由空间到时间，由静态的三维实体到动态的四维感觉，在这个时空交错的过程中，人们获得了审美感受。

建筑群不仅自身具有空间延续性，而且又要与外部环境处于特定的、和谐的关系中。建筑与其他艺术的不同之处在于，它不能移动或难以移动，戏剧可以换个剧场，舞蹈可以换个舞台，绘画可以换个展室，而本身艺术价值却不会因此减损。建筑物基础一般深扎地下，体积巨大，一旦建成就无法移动。因而，环境的选择是十分重要的，正如红花要有绿叶配一样，建筑必须置于特定的环境中，才具有审美价值。欧洲的哥特式教堂，置身于中世纪狭窄曲折的街巷中，充分体现出飞腾向上的气势，如果在它周围耸立起一群摩天大楼，就会变成小玩意儿。峨眉、九华、普陀、武当、青城等名山寺院，必须放在山回峰转、古松翠竹的掩映下，才显出幽雅清净，如果把它们撤到喧哗的大城市中，就一点味道也没有了。

在欧洲，雅典的卫城可真是艺术与环境相统一的典范了。它建立在险要的岩岛上，岩岛面临大海，背依蓝天，希腊人充分利用这优美的地理环境，把城内建筑建在岩岛最高处，在沿坡而下的低处砌上围墙，这样从山上可以俯视雅典全城，从山下可仰观全部建筑，无论从哪个角度，都能欣赏到卫城的雄姿。

三、纪念性和象征性

建筑运用的材料大都是坚固、耐久的，造型巨大触目，工程投入费用很大，一旦建成，除非地震火灾或战争破坏，否则它总是要长期保留下来的。作为建筑文化，它反映了那个年代和民族的历史风貌，是那个民族的历史性纪念碑。古埃及的金字塔是最富有纪念性的建筑之一，位于开罗近郊的吉萨金字塔群是其中最杰出的代表。吉萨金字塔群建于公元前 2732 至公元前 2563 年，主要有胡夫、哈夫拉、孟卡拉三座金字塔和斯芬克斯像。最高的是胡夫塔，塔原高 146.4 米，底边长 230.6 米。由于几千年的风雨侵蚀，高度减至 137 米，相当于一座 40 层摩天大楼，至 19 世纪末，它一直被认为是全世界最高的建筑。金字塔几何形体的单纯、简洁、稳定、庞大、坚实的特点，简直就是一座纪念碑。低矮的祭堂密集一片，驼队缓缓移动，在高耸雄伟的金字塔下显得十分渺小，人们在其面前只能仰视，从而产生肃穆庄严的感受。

巴黎埃菲尔铁塔则是现代社会的纪念碑。它是法国政府为纪念法国革命 100 周年，筹办世界博览会而兴建的。它是由桥梁工程师居斯塔夫·埃菲尔设计的，塔高 300 米，比埃及金字塔和罗马圣彼得大教堂的穹窿顶高出一倍。塔重达 10000 吨。如此宏伟的建筑的耗费却比金字塔和教堂省时、省钱、省力得多，只用几个月就建成了。成千上万参观埃菲尔铁塔的人，都为埃菲尔铁塔所体现的新时代的情感力所震撼。它是太平盛世的预言者，正如 19 世纪顺利过渡到 20 世纪一样。而且以它的高度、结构的大胆、材料的更新、建造的速度，成为了当时席卷世界的工业革命的

巴黎埃菲尔铁塔

象征。而且宣告“这个光辉的城市”成为现代主义的都市。新巴黎的中心就是埃菲尔铁塔。

古今中外的建筑都把象征意义作为建筑审美的重要内容，但东西方民族探索的方向却不同。西方人主要是借建筑造型本身的特征来发挥某些主题，而东方人（印度、两河流域、中国等）则除了借造型本身的特征以外，同时更重视利用环境渲染气氛，再辅助以明确的具象手段（雕塑、绘画、匾联、碑碣等），使象征的主题更明确可信。承德避暑山庄始建于康熙四十三年（1704 年），到乾隆五十五年（1790 年）完成，历经 80 载，共有建筑 120 组（座）。山庄占地 8000 多亩（1 亩 =666.7 平方米），在湖区有代表江南水乡的江浙名园，在平原草地有蒙古族的马场、毡房，在山间筑有仿自泰山碧霞元君寺的广元宫，还有仿万里长城造型的宫墙，象征国土边陲，加上融合了蒙古族、藏族建筑特色的外八庙，体现了中央集权统治及多民族统一的国家特点。在具象象征的基础上，还以进一步的无限抽象概念作为象征内容，也就是数的时空涵义，像康熙、乾隆各题名的三十六景，共七十二条，就附会了道家所谓天下有十六洞天，七十二福地的说教，也表示其无限的富有。

用有形的建筑实体表现无形的天宇，用具象的造型阐述抽象的概念，是天坛的艺术成就。天坛的主人是天神，这是虚无而又神圣的“存在”。人们相信，至诚之心能够听到天神的召唤，赢得天神的思图，天坛是“天人感应”的实践地、祭天之所。天坛处处有象征，这种浪漫主义追求的根基是从董仲舒的“天人感应”到张载的“天人合一”一以贯之的传统文化精神，是封建礼教和理性意识。占地 280 公顷的天坛，任何一角都为再现“人间天堂”而存在。两重环绕的围墙，平面接近正方形。北面两个角成圆形，南侧则保持直角，象征“天圆地方”。中轴线上主要建筑有祈年殿、皇穹宇和圜丘，在它们之间有一条高出地面四米的通道，称为丹陛桥，象征通天之路，走在丹陛桥上，宛若遨游于云端宫阙俯览尘寰。圜丘是白石砌的三层圆台，洁净晶莹。其外有两重压低的矮墙，从尺度对照上衬托出圜丘的崇高宏伟，从视觉上把祭祀空间扩展到林野之中，十字对称的造型象征着绝对稳定的天极，平展的台面是窥天之窗，圆是天的化身。祈年殿以单座建筑震撼人心，下为三层圆形白石台基，上有三层湛蓝的屋檐，攒尖瓦顶托举着金光熠熠的鎏金铜宝顶，直冲云天，周围一片空旷，更凸显其冲势。上升的祈年殿与圜丘恰成对照，二者结合则代表天的崇高、纯洁、浓烈和清淡。天坛中还有大量数字说明某些观念，祈年殿的二十八根柱子包含了四时、四季、十二时辰、十二月和二十八星宿等。

第二节　建筑的美育功能

建筑美的形态结构以及象征意蕴所给予人们的相应心理反应，通过长期的经验积累会逐步内化为自身的审美能力，它对于人的审美心理结构的塑造和完善有其特殊的功能。

一、培养空间审美感受力和想象力

建筑是人类自己必不可少的生活环境，并以它巨大的体积迫使人们接受它体现的意识内容的影响。人们一旦进入某一新接触的建筑，其感受力和想象力必定被激发起来。一幅画或一尊雕塑在眼前，我们可以不看悄然走过，但建筑却非看不可，因为观赏者要么被它巨大的形象所压倒，要么置身于它庞大的空间里，你不可能闭起眼睛超越它，只能随建筑空间的序列展开，不断感受其内涵并产生想象。例如前面所述的北京故宫博物院，以它严谨的中轴线布局，有前序，有过渡，有高潮，有结尾，十几个院落和几百所殿宇纵横穿插、高低错落，再加上强烈对比的色调和各种装饰物的烘托，把皇帝的权威渲染得淋漓尽致，亲临其境时自然会产生对于皇权威势的感受和联想。或者原先不是为着审美活动的，只是因为工作或寻亲访友而进入北京四合院，就必须先穿胡同，进大门，绕影壁，过前院，再进垂花门，走过抄手游廊，才能进正房。而正房中又有明厅暗房，房中又有前灶后炕。这些都会唤起人们的审美感受和想象。

不同的自然地形地貌，它们与建筑的不同配合关系，大建筑群的不同组合形式所构成的观赏序列，以及单座建筑的外观、体量、风格，它的楼层、房间、门、窗、天花板等比例、尺度、韵律，还有其他艺术的装饰等，都可以形成不同的审美感受。如中国的宗教建筑，大抵是依山傍水，给人一种庄严、肃穆的感受，容易诱发人们想象力，似乎到达了仙境，与天神进行心灵的沟通。故宫博物院的建筑正是依靠富有节奏感的群体组合，三大殿的庞大和金色涂料、龙凤装饰，与周围大批低矮配房的对比，给人一种封建等级森严和皇权至高无上的感受和想象。从单个建筑看，哥特式教堂内部结构给予人的感受和想象是独特的。

二、培养丰富的审美情感

建筑的实用功能本身就是情感性，建筑是空间的存在，但欣赏过程却必须在时间的流动中展现出它的内涵，这就如欣赏音乐一样。而感情也是运动的，情感也是在时间中呈现自己。建筑给人以一种曲调或旋律似的审美感受，唤起人们的情感，传递它所表现的一定时代的社会内容和思想观念。恩格斯说：“希腊式的建筑使人感到明快，摩尔式的建筑使人觉得忧郁，哥特式的建筑神圣得令人心醉神迷；希腊式的建筑风格像艳阳天，摩尔式的建筑像星光闪烁的黄昏，哥特式的建筑像朝霞。”富有艺术性的建筑引起人的情感反应是强烈的。

埃及的金字塔作为法老的陵墓，是为死人服务的，实质上也是为活着的贵族服务的。站在金字塔前，只有贵族才能感到自己的崇高、伟大，而奴隶只能感到自卑、下贱。而后人站在它面前，不过是如塔前沙漠中的一粒沙，死人是不朽的、伟大的，活人是瞬间的、渺小的。因此，它集中体现了古埃及社会反民主的性质。

我们不仅从故宫博物院的建筑群的空间序列，还从单个建筑内部的色调、雕塑、摆设、装饰中，引发出特殊的情感。在金銮殿（太和殿）内，有金色和绿色两种色调互相映衬，其中以金色为主（金色是帝王的颜色），明暗的背景中，正中雄踞着皇帝的宝座，它四周的附属物统一由金色的巨龙装饰起来，闪耀着炫目的光芒，极大加强了君权神授的天子气息和等级森严的压抑感。

三、帮助把握深沉的历史文化内涵

艺术风格是民族的、时代的审美观的显现，人类发展的不同历史阶段和不同地区，会出现不同的建筑风格。不同时期的建筑不但会体现出一定时代的物质生产水平和政治经济状况，而且还是特定时代、特定文化的审美意识的折射。

我们可以对前面述及的建筑艺术的历史文化内涵做一简单的概括：埃及金字塔以法老陵墓的庞大坚固来炫耀奴隶主专制的蛮横和死人的不朽，但它也是劳动人民智慧的永恒丰碑。金字塔的形象表明受原始拜物教的影响，有强烈的原始性，体现古埃及人追求单纯、简洁的审美趣味。

雅典卫城各种神庙建筑无不争高斗奇，柱廊和入口处都是开放的，反映了雅典伯里克利执政时代的平民自由和民主的意识。其整体造型上的明快端庄、比例匀称、主次分明、雕刻精细，以及注重柱子造型的建筑风格，体现古代雅典人追求和谐、比例协调的审美情趣。中世纪流行于全欧洲的哥特式建筑（如巴黎圣母院），以高、尖、直的外廓特征和内部竖直向上飞腾的线条，反映出教会至高无上的权力和平民对天国追求的虔诚。而中国的皇宫和四合院，以其建筑群体（皇宫）或建筑内房子（四合院）空间序列不同，体现了中国古代文化的伦理性质，即抽象化和封建化的儒家伦理设计，皇帝（天子）的至高无上权力和家庭、家族男性长者的绝对权威。哥特式教堂和皇宫建筑追求的严谨对称、规模宏大、富丽堂皇，表现了教会、封建主追求豪华、奢侈的审美趣味。文艺复兴之后，曾以复兴古希腊、罗马建筑风格来改造哥特式的建筑风格，显示了新兴资产阶级的人文主义美学原则，甚至在19世纪还有复古主义建筑，如美国华盛顿国会大厦模仿的是古罗马式建筑形式，英国议会大厦模仿的是中世纪哥特式建筑风格，但其内部的建筑功能却是现代的。但这毕竟不是主流，现代建筑以其多样性，表现飞速发展的现代社会的历史文化内涵。

现代建筑体现了经济的高速发展，工业技术的巨大进步。建筑新材料使建筑突破千百万年来传统的木石材料的限制，给大量建筑和满足新的建筑功能创造了条件，给建筑结构带来了革命性的变化。这样，大跨度的、高层次的、复杂功能的建筑如雨后春笋般拔地而起。现代建筑还体现了现代人自由、民主的强烈意识和各自不同的审美韵味。代表政治权力中心的大楼（哪怕是古典风格的）无论在楼高、面积、体积等方面，都未必能超越商业的、文化的大楼。方盒子式的造型，简洁明快，表现了现代生活快节奏和人们对建筑功能的重视，体现出现代人追求奔放明快，充满力度的新的美学理想。“二战”之后，经济迅速复苏，走向新的繁荣，一些人又不满足于世界各地造出的千篇一律的“国际式”的建筑。20世纪60年代以来，层出不穷的西方建筑流派，花样之繁多令人眼花缭乱，体现审美韵味的多元化倾向，无论是古典的，还是现代的，都可以选择，没有意识形态蛮横的干预。

文化链接

世界古代七大建筑奇迹

公元前，腓尼基旅行家昂蒂帕克把他认为最伟大的七处建筑称为“世界七大奇迹”，这个提法一直流传到现在。它们是埃及胡夫金字塔、巴比伦空中花园、阿尔忒弥斯神庙、奥林匹亚宙斯神像、摩索拉斯陵墓、罗德岛太阳神巨像和亚历山大灯塔。但除了埃及胡夫金字塔依旧巍然屹立在沙漠中以外，其他六处都已经湮没在历史的尘埃之中。

古代七大建筑奇迹的名册编制于公元前 3 世纪。按今天的标准，我们或许会认为，这七大奇迹就规模而言并非特别引人注目。但是，它们非凡的美丽和久远的年代仍然受到人们由衷的赞美。

实际上“世界七大奇迹”只包含西亚、北非和地中海沿岸的古迹，那只是古代西方人眼中的全部世界，而中国的长城距离他们太远了。

思考探究

如何理解埃菲尔铁塔是现代社会的纪念碑?

课堂小测

1. 中国建筑与欧洲建筑的风格特点有何不同?
2. 讲述一个你亲身游历过的建筑，并说出它的审美特色。
3. 推荐欣赏：万州钟楼。说出你的欣赏感受。

情景实训

请同学们模拟清代紫禁城（故宫博物院）中皇后的生活。

第八章 园林之美

【知识框架】

- 园林
  - 园林释义：西晋杂文说—唐代诗人园林说—明末计成《园冶》说—建筑学家童寯说—造园学家陈植说
  - 园林起源与发展：囿—台—园圃
  - 园林的发展
    - 园林生成期：商周秦汉
    - 园林转折期：魏晋南北朝
    - 园林全盛期：隋唐
    - 园林成熟期：宋—元明清

教学目标

知识目标：能简要概括中国古典园林历史发展沿革。

能力目标：能够继续对中国古典园林历史发展的内容进行完善。

素质目标：深入探讨和认识中国古典园林发展，对园林产生喜爱观赏之情。

第一节 园林之史

【经典举要】

造园（《江南园林志》节选）

自来造园之役，虽全局或由主人规划，而实际操作者，则为山匠梓[①]人，不着一字，其技未传。明末计成著《园冶》一书，现身说法，独辟一蹊，为吾国造园学中唯一文献，斯[②]艺乃赖以发扬。造园一事，见于他书者，如癸辛杂识、笠翁偶

① 梓：〈名〉木工、木匠。《周礼·考工记序》："轮、舆、弓、庐、匠、车、梓。"

② 斯：〈代〉此；这。《兰亭集序》："后之览者，亦将有感于斯文。"

集、浮生六记、履园丛话等，类皆断锦孤云[1]，不成系统。且除李笠翁为真通其技之人，率皆嗜好使然，发为议论，非本自身之经验。能诗能画能文，而又能园者，固[2]不自计成始。乐天之草堂，右丞之辋川[3]，云林之清閟，目营心匠，皆不待假手他人者也。与计成同时之造园学家，则有明遗臣朱舜水。舜水当易代之际，逃日乞师，其志未遂。今东京后乐园，犹存朱氏之遗规。明之朱三松、清初张南垣父子、释道济、王石谷、戈裕良等人，类皆丘壑在胸，借成众手，惜未笔于书耳。

园之布局，虽变幻无尽，而其最简单需要，实全含于“園”字之内。今将“園”字图解之：“”者围墙也。“”者形似屋宇平面，可代表亭榭。“”字居中为池。池前为山，其旨与此正似。园之大者，积多数庭院而成，其一庭一院，又各为一“園”字也。园之妙处，在虚实互映，大小对比，高下相称。浮生六记所谓：“大中见小，小中见大；虚中有实，实中有虚；或藏或露，或浅或深，不仅在周迴[4]曲、折四字也。”钱梅溪论造园云：“造园如作诗文，必使曲折有法，前后呼应，最忌堆砌，最忌错杂，方称佳构。”（见履园丛话）

文化链接

一、园林起源概述

中国古典园林和“园林”一词的出现在历史上都有所记载，最早的园林形式出现在周文王时期，而“园林”一词最早出现是在西晋的杂文中。“园林”一词真正成为专用名词是在明末造园家计成的第一部造园学名著《园冶》中。

对于园林最初的形式和“园林”一词的沿革与中国历史的发展有着千丝万缕般的关系。

二、文献引述

对于中国古典园林的最初形式和发展与中国帝王有着密切的联系，中国古典园林发展：囿—台—园圃。

（1）囿　狩猎园（最早的园林形式），在一定的地域加以范围，让天然的草木和鸟兽孳生繁育，还可挖地筑台（主要建筑物）供作帝王、贵族们狩猎和游乐的用

① 断锦孤云：断续的丝织品、单独飘浮的云片。

② 固：〈副〉本来；原来。《齐桓晋文之事》：“臣固知王之不忍也。”

③ 辋川：借指风景幽胜之处。

④ 迥：〈形〉显著；明显。《过小孤山大孤山》：“色泽莹润，亦与它石迥异。”。

地。（囿中除夯土筑台、掘沼养鱼外，也是一片天然的景象。）

《诗经·大雅》中“囿，所以域养禽兽也，天子百里，诸侯四十里。灵囿，言灵道行於囿也。”记述了最早的周文王灵囿。灵圃，泛指供皇帝游憩畋猎的苑囿。

（2）台　登高可以观天象、通神明；登高远眺，观赏风景。作为园林设施之一——台，观天象，通神明，是最早园林建筑形式；囿和台的结合是古典园林的雏形。

（3）园圃　园林发展的第三个源头。园：是种植树木（多为果树）的场地，圃：人工栽植蔬菜的场地；西周时，园圃并称，其意互通。

“园林”一词在中国的出现也是有历史文献相关的记载，其从出现到成为专有名词，再到其具体定义，经历西晋—唐朝—明清—近现代。

“园林”一词，最早是在西晋的杂文中出现，始自公元265年；张翰《杂诗三首　其一》中“暮春和气应，白日照园林。青条若总翠，黄华如散金。嘉卉亮有观，顾此难久耽。延颈无良涂，顿足托幽深。荣与壮俱去，贱与老相寻。观乐不照颜，惨怆发讴吟。讴吟何嗟及，古人可慰心。”

此时园林是以植物和自然景观为主要内容，供人游赏的户外境域。

唐代诗人亦多用“园林”，泛指私家建造的宅院，此时也不是专用名词，仅指城市中私家建筑的宅园名词就有很多，如宅园、园宅、园池、园圃、池亭等。

“园林”一词成为专有名词则是在明末造园家计成的第一部造园著作《园冶》；《兴造论》中：“园林巧于因借，精在体宜”；《园说》中：“凡结林园，无分村部，地偏为胜。”书中共有18处描写园林的。

《园冶》创作原则：“虽由人作，宛自天开”。近代建筑学院童寯对园林定义是在《江南园林志》中“园之布局，虽变幻无尽，而其最简单需要，实全含于“園”字之内。”

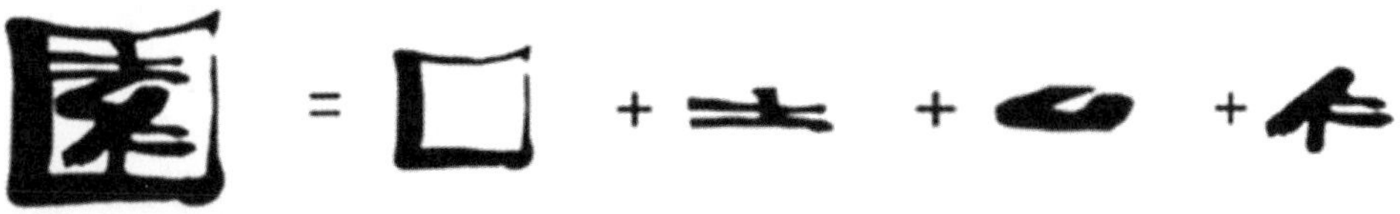

園——图解

“口”—围墙　“土”—形似屋宇平面，可代表亭、榭　“口”—字居中为池　“木”—形似石、似树

他给园林的定义是在一定的用地范围内，利用并改造天然山水地貌或者人为地

开辟山水地貌，结合植物的栽植和建筑的布置，从而构成一个供人们观赏、游憩、居住的环境。

思考探究

本节所讲的造园中，请你认为园林中造园的四要素有哪些？

课堂小测

1. 下列不属于园林造园四要素的是（　　）。

A. 植物　　B. 山水　　C. 地形　　D. 动物

2. 下面那本是明代造园家计成的著作（　　）。

A.《园冶》　　B.《一家言》　　C.《闲情偶寄》　　D.《浮生六记》

3. 下列哪个不是明清时期的园林造园家？（　　）

A. 张楠垣　　B. 计成　　C. 朱三松　　D. 沈括

4. “園”字中的“土”代表的是园林中哪个造园元素（　　）。

A. 亭榭建筑　　B. 围墙　　C. 池、水体　　D. 植物

5. 古典园林造园操作者是谁？（　　）

A. 匠人　　B. 园主人　　C. 文人　　D. 朝廷

创新设计

利用“園”字所代表的四要素，把每一种要素在“園”字中具体体现，绘制出你对园林四要素的理解。绘制时不受“園”的局限，发挥自己的想象，把构成园林的四要素进行具体呈现。

第二节　园林之美——个园

【经典举要】

扬州个园（《个园》节选）

江苏扬州个园，是一座独具风格的名园。它是清嘉庆、道光年间两淮巡盐史黄至筠在明代《寿芝园》旧址上兴建起来的。当时园中遍植翠竹，取东坡诗句：“宁

可食无肉，不可居无竹；无肉使人瘦，无竹使人俗。”以示主人不俗。又因竹叶形状很像一个“个”字，故名“个园”。

个园以四季假山的堆叠精巧而著名，步入个园大门，便见湖石傍门，修竹繁茂，石笋参差，恰似“雨后春笋”破土而出，此景即个园春景，稍前又有生肖之假山石，皆在似与不似之间，与整个“春山”和“竹林”相映成趣。“春”去“夏”来，绕过“宜雨轩”，眼前豁然开朗。

在浓荫环抱的荷花池畔，一座六七米高的太湖石假山出现在面前，这就是“夏山”。过石桥，进石洞，只觉得藕荷飘香，苍翠生凉。

转过“鹤亭”，是座“一”字形长楼，循楼而去，“秋从夏雨声中入”长廊尽头便是“秋山”。秋山全用黄山石堆叠而成，构思大胆，用石泼辣，相传为大画家石涛杰作，看此山，山势巍峨，峰峦起伏，又见古柏斜伸，红枫遍植，钟乳石挂，石桥俨然，气象果然不同一般。设若晴天薄暮时分，秋山面迎夕照，一红如染，“秋高气爽”的诗情画意顿时溢出。

步下秋山，过“透风漏月亭”，迎面是一组白色石英石堆叠而成的“冬景”。一只只“雪狮”似顽皮的孩子用残雪堆就。山脉、山顶“终年积雪”。南面有一堵白围墙，墙上开了四排风洞，使人不寒而觉寒。

文化链接

一、中国古典园林类型

中国古典园林的发展随着中国的历史朝代的变迭而发展，古典园林的发展跟朝代的经济、文化、宗教有着必然的联系。中国的古典园林类型完全形成是在魏晋南北朝，包括皇家园林、私家园林和寺观园林三大类型。而我们重点认识的是私家园林，私家园林出现典型的地方风格是在中国古典园林的成熟期，也就是在明朝、清朝时期，包括江南园林、北方园林、巴蜀园林和岭南园林四大风格；其中江南园林代表又以苏州和扬州为盛。

二、江南园林

江南私家园林是开池筑山为主的自然式风景山水园林，江南一带河湖密布，具有得天独厚的自然条件，经济的发达冠于全国；文化水平不断提高，文风之盛居于全国之首；河道纵横，水网密布，气候温和湿润，适于花木生长；民间建筑技艺精湛，盛产造园用的优质石材，为江南造园活动提供了非常有利的条件。

江南园林典型代表为扬州和苏州，扬州园林甲天下，以名园取胜，名园以叠石为胜，乾隆时期为扬州园林的黄金时代；代表园林包括个园、小盘谷、寄啸山庄、片石山房等。

苏州园林属文人、官僚、地主修建者居多，苏州城内河道纵横，石头采用太湖石形成假山。代表园林如苏州四大名园：留园、拙政园、沧浪亭、狮子林。

三、个园延展

位置：位于扬州新城的东关街。园主人爱竹，由清代袁枚“月映竹成千个字”之句得名。

面积：0.6 公顷，紧邻邸宅后面。

景观特点：以竹石为主体，以分峰用石为特色。其中最负盛名的是个园的假山堆叠精巧：运用不同的石头分别表现“春夏秋冬”景色，号称“四季假山”。

1．空间布局

分为三个区域，南区为住宅；中区是主人休憩、读书、接待宾客之处，主景区，四季假山所在处；北区突出竹文化，表现竹石主题。总体布局采用环游方式，以宜雨轩为中心。

2．四季假山

（1）春山　个园石额门前，竹间树以白果峰石，以“寸石生情”点出“雨后春笋”之意。

（2）夏山　全由太湖石堆叠而成，制作中空外奇。

（3）秋山　由黄石堆砌，高约 7 米，山岭为全园的至高点。

（4）冬山　由宣石叠成，石白如雪，似一层未消的残雪覆盖，以示冬景。冬景假山南墙多留圆洞，称之为“音洞”，阵风掠过，发出萧萧鸣声，真可谓“北风呼啸雪光寒”。

四季假山表现出：“春山淡冶而如笑，夏天苍翠而如滴，秋山明净而如妆，冬山惨淡而如睡”；以及“春山宜游，夏山宜看，秋山宜登，冬山宜居”。

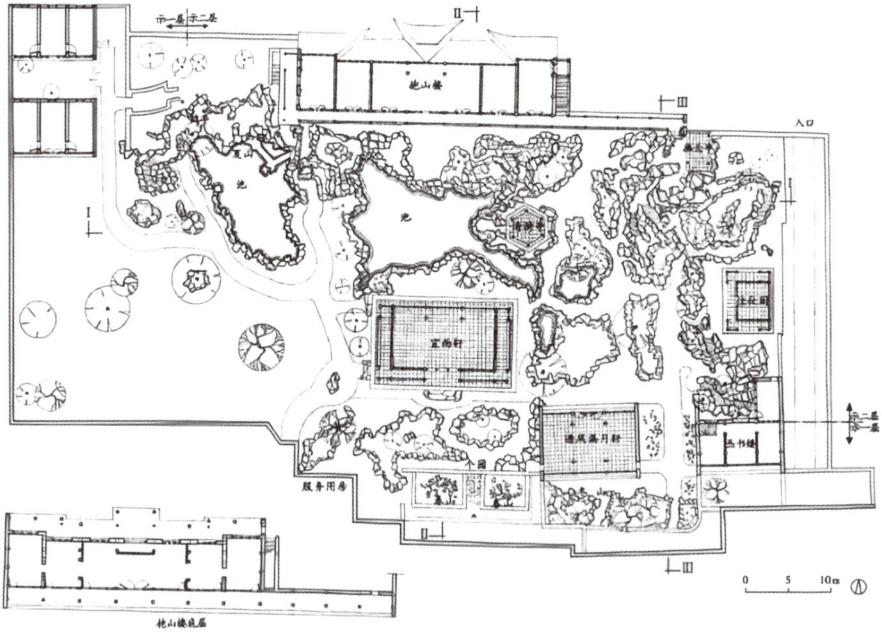

个园平面图

春山

夏山

秋山

冬山

思考探究

本节所讲的扬州个园中，请你认为该园林取名叫“个园”的原因是什么？

课堂小测

1.“宁可食无肉，不可居无竹；无肉使人瘦，无竹使人俗。”出自哪位诗人？(　　)

A．苏东坡　　B．李白　　C．杜甫　　D．李清照

2．竹子叶片形状像什么字？(　　)

A．个　　B．一　　C．三　　D．人

3．“秋山”使用的是什么石头？(　　)

A．黄山石　　B．太湖石　　C．石笋　　D．宣石

4．夏季假山使用的是什么石头？(　　)

A．石笋　　B．黄石　　C．太湖石　　D．石英石

5．“秋山”使用的典型植物是什么？(　　)

A．荷花　　B．红枫　　C．竹子　　D．松树

创新设计

根据对扬州个园认识和解析，包括个园四季不同景观的打造和表现；结合四川园林植物的特点，查阅相关资料，分别列出春、夏、秋、冬各季节开花的植物，每个季节例举四个。

第九章 景观之美

【知识框架】

- 景观
  - 人文景观：建筑景观、村落部落景观、历史遗址
  - 自然景观：极地、高山、大荒漠、大沼泽、热带雨林
  - 人文景观特点：文化性、精美性
  - 自然景观特点：天然美、雄奇美、险峻美、秀丽美、幽静美、敞旷美
  - 自然景观审美元素：形态、色彩、听觉、嗅觉、动态、象征
  - 自然景观类型
    - 地文景观
      - 山岳形胜
      - 喀斯特地貌
      - 风沙地貌景观
      - 海岸地貌景观
      - 特异地貌景观
    - 气候天象景观
      - 怡人气候
      - 大气降水景观
      - 天象奇观
    - 水域风光
      - 江河溪涧
      - 湖泊
      - 飞瀑流泉
      - 冰川景观
      - 风景海域
    - 生物景观
      - 森林景观
      - 草原景观
      - 古树名木
      - 奇花异草
      - 珍禽异兽及栖息

教学目标

知识目标：能概括景观概念并给景观分类建立基本体系。

能力目标：能够继续增益完善景观知识体系内容。

素质目标：深入了解自然及人文景观，体味景观里蕴含的中华传统文化，产生爱国情愫。

第一节 人文景观

【经典举要】

[壹] 中国长城

长城始建于春秋战国时期，直至明朝万历年间的公元 16 世纪末才基本建成。其走向不仅是西起甘肃嘉峪关，东至河北山海关，另外还筑有宣化与大同之南横亘河北与山西两省边界的内长城，总长 6700 千米。近年考古发现，在辽宁还有近 1000 千米的明长城遗迹直至鸭绿江。2012 年 6 月 5 日，国家文化局宣布：经调查和认定，长城分布于 15 个省、直辖市、自治区，历代长城总长度为 21196.18 千米，故称“万里长城”，名不虚传。

“长城”一词有广狭两义：广义的长城是指中国古代所有巨型军事工程体系而言；狭义的长城则特指中国北方游牧民族南下的万里长城。作为一个庞大的国防工程体系，长城是以垣墙为主体，包括了城障、关隘、兵营、卫所、墩台、烽堠、道路、粮秣武库等诸多军事设施和生活设施，具有战斗、指挥、观察、通信、隐蔽等综合功能，并与大量长期驻屯军队相配合的严密的军事防御体系。

长城主体部分用条石或方石作基础，墙体两侧用每块 15 千克的城砖包砌，中间填以碎石和黄土。墙体上部平铺方砖，用石灰填缝。城墙平均高度为 8 米，墙基宽 6.5 米，顶宽平均 4.5 米，较宽处可容五马并行，十人并进。坡陡处用砖砌成阶梯状，以利于行走。墙顶内侧有高约 0.5 米的御墙，用以保护守城将士人身安全；墙顶外侧有高约 2 米的砖砌垛墙，上有垛口，其下有供射箭用的方形射孔：为保护墙体不被雨水浸泡坍塌，墙顶上还修有排水沟。城墙外侧迎敌的一面，地势一般陡峭，难以登攀。

在明代长城上，按地形地势，隔不远就设置一个御敌台，也称为敌楼：高出城墙之上用砖砌成的方形墩台，二至三层不等，四面墙垛上均开有垛口。楼上面中间修船形小屋，名为楼橹，楼和楼橹里面，可以驻兵以避风雨，也可存粮和储藏武器，以备不时之需。

长城沿线还筑有许多烽火台，所以有“五里一墩，十里一堡”之说。烽火台是报警用的通信设施，城堡是屯兵用的备战设施。修建长城，前后历时2700多年。由20多个诸侯国和王朝参与，在东北、华北、西北和中原的16个省、自治区、直辖市都有长城遗迹。

最负盛名的居庸关位于北京昌平区西北，是北京地区的西北屏障。

嘉峪关在长城的最西端，位于甘肃省河西走廊西部，始建于1372年。嘉峪关周长733米，高11.7米，关城面积33500平方米。

山海关位于河北省东北部的渤海湾边，距秦皇岛市15千米，与辽东长城相连接，是长城东端的重要关隘，始建于1381年。山海关北倚燕山南临渤海，位于山海之间，形势险要，故名“山海关”。“天下第一关”是山南临关城的东城门门楼，楼高13.2米，宽20米，进深11米，建在12米高的城台上，为歇山式重檐的双层箭楼，雄伟壮观。因它面向关外的大门，所以在建筑布局和结构上比其他三座城门都更为坚固。在山海关城东6.5千米望天石村的凤凰山上有著名的姜女庙。

孟姜女哭长城的故事之所以广为流传，是因为许多朝代的统治者为修筑长城，

中国长城

强加给人们各种徭役差赋，使人民遭受很大苦难，姜女庙由此而来。

（文章选自苏家悌著的《中外建筑选编 历史与文化》，北京时代弄潮文化发展公司，2015 年 1 月出版，第 16 页）

[贰] 西安兵马俑

秦始皇陵位于陕西省西安市以东 35 千米的临潼区境内，它是中国历史上第一个中央集权制王朝的皇帝陵园，建造于公元前 246 年至公元前 208 年，其巨大的规模、丰富的陪葬物居历代帝王陵之首。据史载、秦始皇为造此陵征集了 70 万名工匠，建造时间长达 38 年。

秦始皇陵陵园区占地近 8 平方千米，建内、外两城，现存有高 76 米、东西长 345 米、南北宽 350 米、占地 12 万平方米的陵墓及大量地面建筑遗迹和陪葬物。秦始皇陵封土状如覆斗，顶部平坦。底部近似方形，腰部略呈阶梯形。

兵马俑坑是秦始皇陵的陪葬坑，位于秦始皇陵陵园东侧 1500 米处。目前已发现三处，坐西向东呈“品”字形排列，出土有陶俑 8000 件、战车百乘，以及数万件实物兵器等文物。其陶俑神情生动，气宇轩昂，陶马造型逼真，刻画精致，均为古代雕塑中的精品。从各坑的形制结构及其兵马俑装备情况判断，一号坑象征由步

西安兵马俑

兵和战车组成的主体部队；二号坑为步兵、骑兵和战车穿插组成的混合部队；三号坑则是统领一号坑和二号坑的军事指挥所。

铜车马

1980 年，在秦始皇陵封土西侧出土了两组彩绘铜质车马，这是迄今为止中国所发现的年代最早、形体最大、结构最复杂、制作最精美的铜铸马车，其为研究秦代历史和铜冶铸造技术提供了实物资料，被誉为中国古代的“青铜之冠”。

秦始皇陵是世界上规模最大、结构最奇特、内涵最丰富的帝王陵墓之一。兵马俑的发现被誉为“世界第八大奇迹”“20 世纪考古史上的伟大发现之一”

（文章选自《陕西西安秦始皇陵 兵马俑》载《甘肃教育》2008 第 12 期）

文化链接

景观之美，美在何处

近年来，我国各地建起了不少人造新景点，但成功者为数不多。各地也新辟了不少自然旅游景点，但其中不少也是游人寥寥。反之，有一些旅游老景点却一直能够吸引众多游客。人们不禁要问，旅游景点的建设有什么奥秘吗？

其实，游客到一个景点，他不仅需要领略那里特定的视觉美感，如山清水秀，群花灿烂等；他更需要寻求某种特殊的氛围，感受那里特有的整体美。这就是旅游景点给人的一种独特的意境。它能够引起游客心灵的感应，唤起人们内心对某种美的追求。不同的旅游景点，往往给人以不同的意境。

黄山奇峰林立，姿态万千，更有云雾缠绕，云海弥漫，身临其境，如置身于仙境一般。不时露出奇松怪石，游人从不同的角度看，均似一幅幅浓淡相宜的水墨画。这峰、石、松、云在位置上恰到好处，犹如一位画家所作的巧妙布局。黄山给人以一种精巧、细腻、虚幻、飘逸的意境。

泰山古建筑众多。岱庙位于泰山南麓，规模宏大，气势不凡。天贶殿富丽堂皇，内有高 3.3 米、长 62 米的巨幅壁画，画中有人物 657 个，个个神态各异，整幅画场面宏大，布局严谨。汉柏院内有 5 株汉柏，相传为汉武帝封禅时所植，至今仍挺拔粗壮，生机勃勃。岱庙内藏有秦、汉、晋、唐等多个朝代珍贵碑刻，有真、草、隶、篆各种书体，有颜、柳、欧、赵不同流派。这些碑刻或苍劲古朴，或飘逸潇洒。在群峰密林之中，还有王母池、关帝庙、红门宫、万仙楼、碧霞祠、玉皇庙等许多建筑。我国历代帝王登基或祈太平之岁，多来泰山举行封禅大典，祭告天地。其中有些帝王还多次登临泰山，留下大量文物古迹。泰山给人以古朴、雄伟、博大、精深的意境。

江南古镇多小桥流水。石板路的两侧分布着茶馆、染坊、当铺、药店，具有一种浓浓的古时生活气息。小镇还有些深宅大院，高高的围墙内有雕刻精美的建筑，里面有古色古香的厅堂。有些院内还有假山、池塘、绿树和亭台。站在小镇的桥头上，可见到妇女在河边浣洗衣物，不时听到一两声小贩的叫卖声和船娘的摇橹声。江南古镇给人以一种平和自然、悠然自得的意境。

上海外滩有长长的、呈弧状沿江排列的各式建筑物。这些建筑物风格各异，错落有致。它们面前是宽阔的马路和绿树点缀的江边休闲地，再往前则是水波荡漾的黄浦江。站在延安东路外滩向前看，整个外滩建筑物在蓝天、白云和绿树的衬托下，一览无余，犹如一幅精心设计的美丽油画。上海外滩使人感觉建筑物与周围环境十分协调，具有一种整体美感。其中单独的一幢建筑物并不见得有特别好看之处，但它们沿江一排展开，这些建筑物就像连绵起伏的山丘，也如跌宕婉转的乐章，令人陶醉不已。它的现代建筑物与自然环境很好地融成了一体，给人以一种和谐、美观、大度、从容的意境。

国外也有不少具有独特意境的旅游景观。例如，在加拿大中西部，有一望无边的原始森林，有冰雪覆盖的连绵高山。夏日里，这里是一片幽美宁静的湖光山色；冬日里，这里是无边无际的林海雪原。加拿大的中西部给人以一种宁静、开阔、原始、自然的意境。

思考探究

你觉得本节课所讲的中国长城在历史上发挥了哪些功能和作用？

课堂小测

1．四大佛教名山指的是（　　）。

A．五台山　九华山　峨眉山　普陀山

B．五台山　嵩山　峨眉山　普陀山

C．五台山　九华山　昆仑山　普陀山

D．五台山　九华山　峨眉山　武当山

2．五岳指的是（　　）。

A．衡山　恒山　华山　泰山　嵩山

B．恒山　庐山　华山　泰山　嵩山

C．恒山　华山　泰山　嵩山　雁荡山

D．昆仑山　恒山　华山　泰山　嵩山

3．下列不属于道教名山的是（　　）。

A．恒山　　　　B．华山

C．五台山　　　　D．青城山

4．作为一个庞大的国防工程体系，长城是以垣墙为主体，包括了城障、关隘、兵营、卫所、墩台、烽堠、道路、粮秣和武库等诸多军事设施和生活设施，具有战斗、指挥、观察以及（　　）的作用。

A．避暑　　B．游玩　　C．休闲　　D．通信

5．秦始皇陵是中国历史上第一个中央集权制王朝的皇帝陵园，建造于（　　）。

A．公元前 246 年至公元前 205 年　　B．公元前 246 年至公元前 206 年

C．公元前 246 年至公元前 207 年　　D．公元前 246 年至公元前 208 年

创新设计

利用所学景观知识并结合你的家乡试着设计一个旅游项目。

第二节　自然景观

教学目标

知识目标：掌握自然景观的审美元素，概括自然景观的特点。

能力目标：能够继续增益完善自然景观的审美元素。

素质目标：了解大自然、爱护大自然，最终产生与大自然和谐相处的意识与愿望。

【经典举要】

[壹] 塔克拉玛干沙漠

塔克拉玛干沙漠是中国最大的沙漠，也是世界第十大沙漠，位于新疆南疆的塔里木盆地中心，同时也是世界第二大流动沙漠。整个沙漠东西长约1000千米，南北宽约400千米，面积达33万平方千米。平均年降水不超过100毫米，最低只有4~5毫米；而平均蒸发量却高达2500~3400毫米。这里，金字塔形的沙丘屹立于平原之上300米。狂风能将沙墙吹起，高度可达其3倍。沙漠里沙丘绵延，受风的影响，沙丘时常移动。沙漠里也有少量的植物，其根系异常发达，超过地上部分的几十倍乃至上百倍，以便汲取地下的水分，那里的动物有夏眠的现象。

塔克拉玛干沙漠

[贰] 九寨沟

九寨沟位于四川省阿坝藏族羌族自治州九寨沟县漳扎镇，是白水沟上游白河的支沟，以有九个藏族村寨（又称何药九寨）而得名。九寨沟海拔在 2000 米以上，遍布原始森林，沟内分布 108 个湖泊。

九寨沟四季景色迷人。动植物资源丰富，种类繁多，原始森林遍布，栖息着大熊猫等十多种稀有和珍贵野生动物。远望雪峰林立，高耸云天，终年白雪皑皑，加上藏家木楼、晾架经幡、栈桥、磨房、传统习俗及神话传说构成的人文景观，被誉为“美丽的童话世界”。

九寨沟地处岷山山脉南段尕尔纳峰北麓，是长江水系嘉陵江源头的一条支沟，也是青藏高原向四川盆地过渡的地带，地质结构复杂。这里高差悬殊、气候多样、山明水秀。九寨沟主沟呈“Y”字形，总长 50 余千米。沟中分布有多处湖泊、瀑布群和钙化滩流等。水是九寨沟景观的主角。碧绿晶莹的溪水好似项链般穿梭于森林与浅滩之间。色彩斑斓的湖泊和气势宏伟的瀑布令人目不暇接。

原始森林覆盖了九寨沟一半以上的面积。林中植物种类繁多，现有天然森林近 3 万公顷，植物 2000 余种。多种野生动物繁衍栖息于此，其中包括脊椎动物 170 种、鸟类 141 种，属国家保护的有 17 种。林地上积满厚厚的苔藓，散落着鸟兽的羽毛，充满原始森林的风貌，使人仿佛置身于美妙的世外天地。

九寨沟

文化链接

三山五岳

三山五岳，成语，泛指名山或名地。三山是指旅游胜地闻名的黄山、庐山、雁荡山，五岳指泰山、华山、衡山、嵩山、恒山；也有一种说法认为三山是传说中的蓬莱（蓬壶）、方丈山（方壶）、瀛洲（瀛壶）三座仙山。三山五岳在中国虽不是最高的山，但都高耸在平原或盆地之上，这样也就显得格外险峻。东、西、中三岳都位于黄河岸边，黄河是中华民族的摇篮，是华夏祖先最早定居的地方。三山处于南方，相对于中原稍远，继五岳之后成名，反映了华夏民族的南向扩展和中原文化的传播。

黄山

黄山为三山五岳中三山之一，徐霞客曾两次游黄山，赞叹说：薄海内外，无如徽之黄山。登黄山，天下无山，观止矣！后人引申为“五岳归来不看山，黄山归来不看岳。”

黄山集中国各大名山的美景于一身，以奇松、怪石、云海、温泉“四绝”著称于世，现在冬雪则成为了黄山第五绝。黄山不仅自然景观奇特，而且文化底蕴深厚，相传轩辕黄帝曾在此炼丹，所以黄山非但以景取胜，还是几千年来道家仙士的常游之所。李白等大诗人也在此留下了壮美诗篇。

黄山千峰竞秀，万壑峥嵘。有名可指的就有 72 座山峰，其中“莲花”“光明顶”“天都”三大主峰，均在海拔 1800 米以上，拔地极天，气势磅礴，雄姿灵秀。黄山原名“黟山”，因山峰和岩石遥望青黑而得名。因传说轩辕黄帝曾在此采药炼丹、得道成仙，唐玄宗于是在天宝六年（公元 747 年）改“黟山”为“黄山”。千余年来，黄山积淀了浓郁的黄帝文化，轩辕峰、炼丹峰、容成峰、浮丘峰、丹井、洗药溪、晒药台等景名都与黄帝有关。

东岳泰山有“中华国山”之美誉，中华十大名山之首，位于山东泰安，有数千年精神文化的渗透和渲染以及人文景观的烘托。于 1987 年被列入世界自然文化遗产名录，是中国首例自然文化双重遗产项目。东岳泰山巍峨陡峻，气势磅礴，被尊为五岳之首，号称“天下第一山”，被视为崇高、神圣的象征，故有“五岳独尊”

泰山

之说。“天高不可及，于泰山上立封禅而祭之，冀近神灵也。”孔子“登泰山而小天下”千载流传。“重于泰山”“泰山北斗”，泰山其实已经作为中华民族传统文化积淀中不可分割的一部分。

泰山东望黄海，西襟黄河，汶水环绕，前瞻圣城曲阜，背依泉城济南，以拔地通天之势雄峙于中国东方，以“五岳独尊”的盛名称誉古今。中华民族的精神象征，华夏历史文化的缩影。

西岳华山是我国著名的五岳之一，海拔 2154.9 米，位于陕西省西安以东 120 千米历史文化故地渭南市的华阴市境内，北临坦荡的渭河平原和咆哮的黄河，南依秦岭，是秦岭支脉分水脊的北侧的一座花岗岩山。凭借大自然风云变幻的装扮，华山的千姿万态被有声有色地勾画出来，是国家级风景名胜区，国家5A级旅游景区。

华山，五帝时称“太华”，夏商时称“西岳”，雅称“华岳”。据清代著名学者章太炎先生考证，“华夏”“中华”皆借华山而得名。华山南峰落雁、东峰朝阳、西峰莲花、北峰云台、中峰玉女五峰环峙，高擎天空，“远而望之若花状”，故有其名。

由于华山太险，所以唐代以前很少有人登临。历代君王祭西岳，都是在山下西岳庙中举行大典。《尚书》载，华山是“轩辕黄帝会群仙之所”。《史记》载，黄帝、虞舜都曾到华山巡狩。据记载，秦昭王时命工匠施钩搭梯攀上华山。魏晋南北朝时，还没有通向华山峰顶的道路。直到唐朝，随着道教兴盛，道徒开始居山建观，逐渐在北坡沿溪谷而上开凿了一条险道，形成了“自古华山一条路”。险，居五岳之首。

南岳衡山又名寿岳、南山，为中国“五岳”之一，位于湖南省中部偏东南部，绵亘于衡阳、湘潭两盆地间，主体部分位于衡阳市南岳区、衡山县和衡阳县东部。衡山的命名，据战国时期《甘石星经》记载，因其位于星座二十八宿的轸星之翼，“变应玑衡”“铨德钧物”，犹如衡器，可称天地，故名衡山。

衡山是中国著名的道教、佛教圣地，环山有寺、庙、庵、观 200 多处。衡山是上古时期君王唐尧、虞舜巡疆狩猎祭祀社稷，夏禹杀马祭天地求治洪方法之地。衡山山神是民间崇拜的火神祝融，他被黄帝委任镇守衡山，教民用火，化育万物，死后葬于衡山赤帝峰，被当地尊称为南岳圣帝。

北岳恒山也名“太恒山”，古称玄武山、崞山、高是山、玄岳。其中，倒马关、紫荆关、平型关、雁门关、宁武关虎踞为险，是塞外高原通向冀中平原之咽喉要冲。主峰天峰岭在浑源县城南，海拔 2016.1 米。现位于山西省大同市浑源县城南 10 千米处，距离大同市市区 62 千米。为中国地理标志，是天下道教主流全真派圣地。

中岳嵩山，古称“外方”，夏商时称“崇高”“崇山”，西周时称为“岳山”，以嵩山为中央左岱（泰山）右华（华山），定嵩山为中岳，始称“中岳嵩山”。嵩山位于河南省西部，地处登封市西北面，西邻古都洛阳，东临郑州，属伏牛山系。嵩山总面积约为 450 平方千米，由太室山与少室山组成，共 72 峰，海拔最低为 350 米，最高处为 1512 米。主峰峻极峰位于太室山，高 1491.7 米；最高峰连天峰位于少室山，高 1512 米。嵩山北瞰黄河、洛水，南临颍水、箕山，东通郑汴，西连十三朝古都洛阳，是古京师洛阳东方的重要屏障，素为京畿之地，具有深厚文化底蕴，是中国佛教禅宗的发源地和道教圣地。嵩山曾有 30 多位皇帝、150 多位著名文人所亲临。《诗经》有“嵩高惟岳，峻极于天”的名句。

嵩山是中华文明的重要发祥地，也是中国名胜风景区，国家 5A 级旅游景区，为五岳中的中岳。2004 年 2 月，嵩山被联合国教科文组织列入世界地质公园。

思考探究

请你思考一下，自然景观打动人心靠的是它的共性特色还是个性特色？

课堂小测

1. 下列组合中正确的一组是（　　）。

A. 泰山雄、华山险、衡山秀、恒山峻、嵩山幽

B. 泰山雄、华山险、衡山秀、恒山幽、嵩山峻

C. 泰山雄、华山奇、衡山秀、恒山幽、嵩山峻

D. 泰山雄、华山奇、衡山秀、恒山峻、嵩山幽

2. 雾凇是我国东北地区的一种自然景观，形成雾凇的原因是（　　）。

A. 距海近　　B. 纬度高　　C. 海拔高　　D. 气温低

3. 我国花岗岩景观分布广泛，名山众多，主要分布在（　　）。

A. 云贵高原地区　　B. 东部地区

C. 西部地区　　D. 青藏高原地区

4. 号称“天下第一奇山”的是（　　）。

A. 泰山　　B. 华山　　C. 黄山　　D. 雁荡山

5. 相传神话故事“吹箫引凤”的发生地为（　　）。

A. 嵩山　　B. 黄山　　C. 泰山　　D. 华山

6. 号称“东南第一山”的是（　　）。

A. 武夷山　　B. 华山　　C. 黄山　　D. 雁荡山

7. “造型地貌博物馆”“火山地貌博物馆”“自然雕塑博物馆”依次是指（　　）。

A. 雁荡山、五大连池、武陵源　　B. 五大连池、雁荡山、武陵源

C. 武陵源、五大连池、雁荡山　　D. 五大连池、武陵源、雁荡山

8. “江作青罗带，山如碧玉篸”描写的是（　　）。

A. 长江三峡　　B. 桂林山水　　C. 武夷山　　D. 九寨沟

9. 雁荡山属于（　　）地貌。

A. 花岗岩　　B. 火山与熔岩　　C. 喀斯特　　D. 流纹岩

10. 世界唯一的国家级黄土类地质公园位于（　　）。

A. 洛川　　B. 洛阳　　C. 运城　　D. 开封

情景实训

请分组组团设计一个为期五天的自然和人文景观交融的旅游方案，做成 PPT 组织一场竞赛活动。

第十章 中医之美

【知识框架】

中医术语
- 六　　　　邪：风、寒、暑、湿、燥、火
- 四 气 特 点：春温、夏热、秋燥、冬寒
- 五脏五行对应关系
  - 心—火
  - 肝—木
  - 脾胃—土
  - 肺—金
  - 肾—水
- 四　诊　法：望、闻、问、切
- 打通经络的方法：推拿按摩、针灸、拔罐、汤药、刮痧、膏药

教学目标

知识目标：能初识中华优秀传统文化，了解中医的特点。

能力目标：能掌握一些基本的治病原则，学会一些养生方法。

素质目标：对中华优秀传统文化产生浓厚兴趣甚至热爱之情。

第一节　保养天真

【经典举要】

[壹] 素问·上古天真论①（节选）

昔在黄帝，生而神灵，弱而能言，幼而徇齐，长而敦敏，成而登天。乃问于天师曰：余闻上古之人，春秋皆度百岁，而动作不衰；今时之人，年半百而动作皆衰

①"上古"即远古时代。"天真"是"天乙始生之真元"，即"肾气""精气"。本篇主要讨论了上古之人由于重视保养天真的养生方法，因而得以健康长寿的道理，以及天真之气在人体生长发育过程中作用。

者，时世异耶？人将失之耶？岐伯对曰：上古之人，其知道者，法于阴阳，和于术数，食饮有节，起居有常，不妄作劳，故能形与神俱，而尽终其天年，度百岁乃去。今时之人不然也，以酒为浆，以妄为常，醉以入房，以欲竭其精，以耗散其真，不知持满，不时御神，务快其心，逆于生乐，起居无节，故半百而衰也。

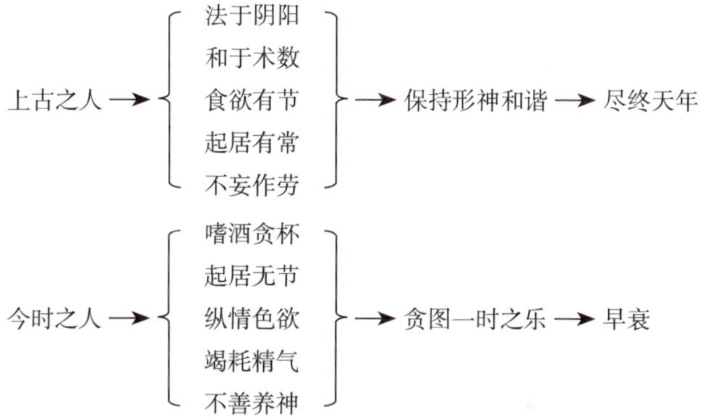

图解：通过古今对比的方法强调养生的重要性

知识小贴士

懂得养生之道，适应自然界阴阳的变化规律，掌握各种养生方法，保持形神和谐协调，这便是一个人能长命百岁的秘密。

[贰]

夫上古圣人之教下也，皆谓之虚邪贼风，辟之有时，恬淡虚无，真气从之，精神内守，病安从来？是以志闲而少欲，心安而不惧，形劳而不倦，气从以顺，各从其欲，皆得所愿。故美其食，任其服，乐其俗，高下不相慕，其民故曰朴。是以嗜欲不能劳其目，淫邪不能惑其心，愚知贤不肖，不惧于物，故合于道。所以能年皆度百岁，而动作不衰者，以其德全不危也。

图解：养生原则

知识小贴士

养生要懂得适时躲避外邪，同时保持恬淡虚无的心境，实现精神内守，从而达到形神和谐而健旺，这是养生的基本原则。高世栻曰：“外知所避，内得其守，病安从来?”

[叁]

帝曰：有其年已老而有子者，何也？岐伯曰：此其天寿过度，气脉常通，而肾气有余也。此虽有子，男不过尽八八，女不过尽七七，而天地之精气皆竭矣。帝曰：夫道者，年皆百数，能有子乎？岐伯曰：夫道者，能却老而全形，身年虽寿，能生子也。

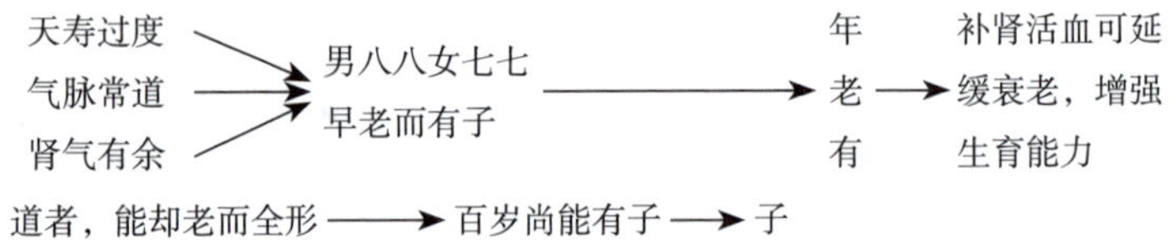

图解：年老有子的原因及意义

知识小贴士

人的寿命和先天因素，气血和肾气有密切的关系。

[肆]

黄帝曰：余闻上古有真人者，提挈天地，把握阴阳，呼吸精气，独立守神，肌肉若一，故能寿敝天地，无有终时，此其道生。中古之时，有至人者，淳德全道，和于阴阳，调于四时，去世离俗，积精全神，游行天地之间，视听八达之外，此盖益其寿命而强者也，亦归于真人。其次有圣人者，处天地之和，从八风之理，适嗜欲于世俗之间，无恚嗔之心，行不欲离于世，被服章，举不欲观于俗，外不劳形于事，内无思想之患，以恬愉为务，以自得为功，形体不敝，精神不散，亦可以百数。其次有贤人者，法则天地，象似日月，辩列星辰，逆从阴阳，分别四时，将从上古合同于道，亦可使益寿而有极时。

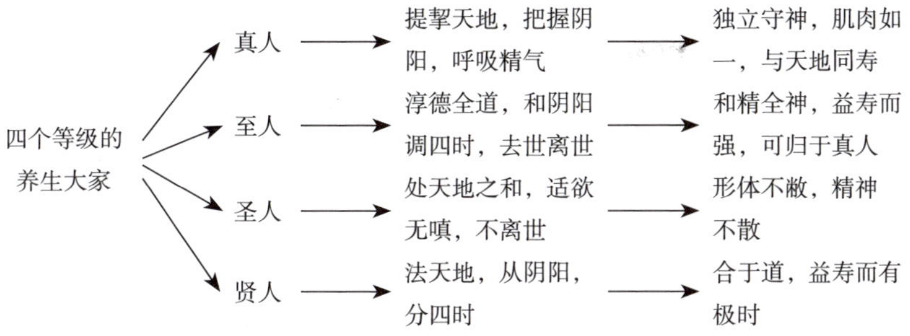

图解：四种养生家，不同养生法，结果各异

文化链接

天年

天年是我国古代对人的寿命提出的一个有意义的命题。天年，就是天赋的年寿，就是一个人在保持身体各器官都在健康状态下自然的寿命，即自然寿命。

人的生命是有一定期限的。古代养生家、医家认为在百岁到百二十岁之间。如《素问·上古天真论》："尽终其天年，度百岁乃去。"；如《尚书·洪范篇》："寿，百二十岁也"，《养身论》亦说："上寿百二十，古今所同"。此外，老子、王冰也都认为天年为 120 岁。

课堂小测

一、单项选择题

1. 据《素问·上古天真论》所述，女子七岁的生理标志是（　　）。

A. 齿更发长　　　　B. 月事以时下

C. 发长齿更　　　　D. 发长极

2. 据《素问·上古天真论》所述，女子二七岁的生理标志为（　　）。

A. 太冲脉盛　　　　B. 真牙生而长极

C. 月事以时下　　　　D. 筋骨坚发长极

3. 据《素问·上古天真论》所述，丈夫二八的生理标志是（　　）。

A. 精气溢满　　　　B. 天癸至

C. 真牙生而长极　　　　D. 身体盛壮

二、判断题

1. 据《素问·上古天真论》认为避免外邪侵袭也是养生内容。(　　)

2. 据《素问·上古天真论》认为天癸至是具备生殖能力的关键。(　　)

3. 据《素问·上古天真论》认为善于养生的道者能过百岁而仍有生殖能力。(　　)

三、多项选择题

1.《素问·上古天真论》中“上古之人，其知道者”的养生方法是（　　）。

A. 法于阴阳　　B. 和于术数　　C. 饮食有节

D. 起居有常　　E. 不妄作劳

2. 下列哪些属于《素问·上古天真论》中“贤人”的养生方法？(　　)

A. 逆从阴阳　　B. 分别四时　　C. 法则天地

D. 辨列星辰　　E. 把握阴阳

情景实训

经典案例

王某，女，32岁，初诊，2013年10月，主诉：患者小便不禁，五年有余，小便频数，天冷时更甚，夜多而昼少，溺后旋欲再溺，反复不已，发则腰酸痛，尿频急。小便化验正常，舌淡苔白，脉沉细无力，尺部尤甚。辨证：肾气不足，膀胱失约，治宜固肾温阳缩尿，方用桑螵蛸散加减，三诊而痊愈。

结合该病例分析肾精、肾气在人体生长衰老生理过程中的作用。

专家点评

(1) 饮食宜有节　饮食合理能补精益气，反之则害人体，会导致早衰，本篇提出养生当“食饮有节”，强调饮食调养，并提出“以酒为浆”等则可致早衰。民谚曰：“早晨吃好，中午吃饱，晚上吃少”是有其合理性的。

(2) 起居宜有常　人体生理活动有自身规律，以适应自然的变化，人的生活作息应当顺其规律，以保护和维持肌肉的生命力，“起居无节”干扰了这一节律，削弱了生命力，导致生理功能紊乱，抗病能力下降，以致发生疾病。起居常法：①适应四时阴阳消长特点，按季节调整作息时间。春夏应晚睡早起，秋季应早睡早起，冬季应早睡晚起。②适应昼夜阴阳消长特点，傍晚尽量减少形神劳作，避免风寒霜露。

第二节　四气调神大论（节选）

【本节导读】

本节主要讨论顺应四时的气候变化，调养精神以达到健身防病的目的；提出了“春夏养阳，秋冬养阴”的养生观点及“不治已病治未病”的预防医学思想。“四气”即春、夏、秋、冬四时气候，“调神”，指调摄保养精神意志。

1．“四时调神”的养生之道

一年四季有春温、夏热、秋燥、冬寒的气候变化，万物有生长收藏的生化特点，春主发陈、夏主蕃秀、秋主容平、冬主闭藏。不按季节特点养生，必然给人体内脏功能活动带来不良反应。对人体来说可以发生“肝气内变”“心气内动”“肺气焦满”“肾气独沉”等病理变化。告诫人们切勿违背自然界阴阳消长变化规律，为养生之首务。

2．“春夏养阳，秋冬养阴”的养生思想

“春夏养阳，秋冬养阴”即：春夏顺应生长之气以养阳，秋冬顺应收藏之气以养阴。春夏之时，自然界阳气渐旺，人体阳气盛于外而虚于内，故应保养体内阳气，不使宣泄太过，否则体内阳气虚损而有腹泻等症状发生；秋冬自然界气候寒冷，阴气渐旺，人体阴气外盛内虚，故秋冬宜养阴而不伤精，以适应来春的生气宣发。

3．“不治已病治未病”的预防医学思想

以“渴而穿井”“斗而铸锥”为喻，说明了未病先防的重要性，提出了“治未病”的重要治则，反映了《内经》防重于治的预防医学思想。

教学目标

知识目标：掌握四时的气象特点和相应的养生原则和方法。

能力目标：深入理解治未病的预防思想。

素质目标：认识并学会“春夏养阳，秋冬养阴”的理论原则和应用价值。

【经典举要】

【壹】

春三月，此谓发陈，天地俱生，万物以荣，夜卧早起，广步于庭，被发缓形，以使志生，生而勿杀，予而勿夺，赏而勿罚，此春气之应，养生之道也。逆之则伤肝，夏为寒变，奉长者少。

夏三月，此谓蕃秀，天地气交；万物华实，夜卧早起，无厌于日，使志无怒，使华英成秀，使气得泄，若所爱在外，此夏气之应，养长之道也。逆之则伤心，秋为痎疟，奉收者少，冬至重病。

秋三月，此谓容平，天气以急，地气以明，早卧早起，与鸡俱兴，使志安宁，以缓秋刑，收敛神气，使秋气平，无外其志，使肺气清，此秋气之应，养收之道也。逆之则伤肺，冬为飧泄，奉藏者少。

冬三月，此谓闭藏，水冰地坼，无扰乎阳，早卧晚起，必待日光，使志若伏若匿，若有私意，若已有得，去寒就温，无泄皮肤，使气亟夺、此冬气之应，养藏之道也。逆之则伤肾，春为痿厥，奉生者少。

[贰]

夫四时阴阳者，万物之根本也。所以圣人春夏养阳，秋冬养阴，以从其根，故与万物沉浮于生长之门。逆其根，则伐其本，坏其真也。故阴阳四时者，万物之终始也，死生之本也，逆之则灾害生，从之则苛疾不起，是谓得道。道者，圣人行之，愚者佩之，从阴阳则生，逆之则死；从之则治，逆之则乱。反顺为逆，是谓内格。是故圣人不治已病，治未病，不治已乱，治未乱，此之谓也。夫病已成而药之，乱已成而后治之，譬犹渴而穿井，斗而铸锥，不亦晚乎！

文化链接

通过对“四气调神”原则及违背该原则可能会出现的后果的论述，提示人类是万物之灵，自然之子，人类的生命活动无法脱离自然，把握自然四时生长收藏规律，顺从四时阴阳调神养生，方能祛病延年。

本节对四季调神的论述，被广泛应用于养生与康复医学。由于肝旺于春，肝肾阴亏，肝阳易亢的眩晕症，肝气火旺的胁痛，呕恶，情绪烦躁易怒等症的患者，往往春季发病或者病情加重；春季宜保持情志欢愉，可防止或避免动怒。心旺于夏，因心气虚弱，痰血瘀阻心痹心痛患者，夏天应保持情绪欢畅，避免过喜或过怒，耗散心之气血，加重病情；对心肝火旺，心火或痰火上蒙心窍患者，要保持心情舒畅，避免过激情志刺激。肺旺于秋，是慢性咳喘病好发季节，可应用精神诱导，配合调整呼吸，如吐纳功等，利于肺气恢复。冬季是闭藏之季，五脏精气满藏于肾，对于一切虚损之症，尤其肾阴肾阳虚的病症，从精神上加以调养，做到精神内向，安静清闲，尽量避免人事的烦扰，防止精气耗散，对固养肾气、康复虚证有重要作用。

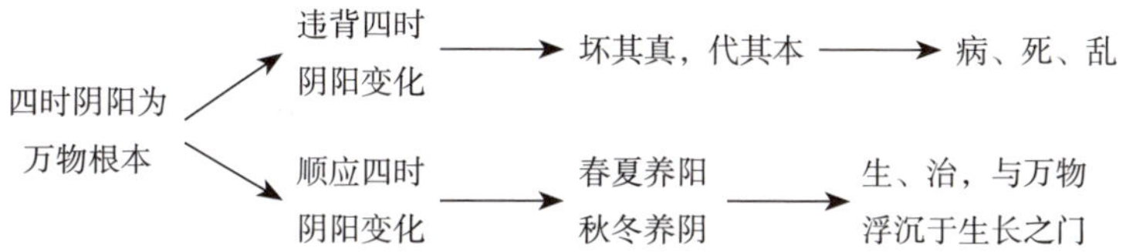

顺应四时阴阳和“治未病”的重要性

“四时阴阳者，万物之根本”“春夏养阳，秋冬养阴”是春、夏、秋、冬四时起居及情志调摄的具体运用，“圣人不治已病，治未病，不治已乱，治未乱”，充分体现了《内经》防重于治的医学思想。

“四气调神”的养生之道及违背了四时阴阳所产生的病变

季节	时令特点	起居	情绪	失养的后果
春	发陈、天地俱生，万物以荣	夜卧早起，广步于庭	使志生	伤肝，夏为寒变
夏	蕃秀、天地气交，万物华实	夜卧早起，无厌于日	使志无怒	伤心，秋为痎疟
秋	容平、天地以气，地气以明	早卧早起，与鸡俱兴	使志安宁	伤肺，冬为痎疟
冬	闭藏，水冰地坼，无扰乎阳	早卧晚起，必待日光	神志情绪	伤肾，春为痿厥

思考探究

结合上述病例分析如何注意日常养生？以及正确理解“春夏养阳，秋冬养阴”。

课堂小测

一、单项选择题

1．“夜卧早起，无厌于日”的养生方法适应于（　　）。

A．春三月　　B．夏三月　　C．秋三月　　D．冬三月

2．据《素问·四气调神大论》，违背秋三月的养收之道，到冬天易生的病变为（　　）。

A．寒变　　B．疟疾　　C．飧泄　　D．痿厥

3. 据《素问·四气调神大论》，发生“肺气焦满”的病症是因为（　　）。

A. 逆春气　　B. 逆夏气　　C. 逆秋气　　D. 逆冬气

二、判断题

1.“生而勿杀，予而勿夺，赏而勿罚”是阐述精神调养。（　　）

2. 春季保养生气不足，到了夏季则发生内热的病变。（　　）

3.《素问·四气调神大论》认为人在春三月，应是早卧早起。（　　）

三、多项选择题

1. 下列哪些属于《素问·四气调神大论》中夏三月养生的做法？（　　）

A. 夜卧早起　　B. 无扰乎阳　　C. 无厌于日

D. 无外其志　　E. 使志无怒

2. 下列哪些属于《素问·四气调神大论》中秋三月养生的做法？（　　）

A. 天气以急　　B. 早卧早起　　C. 收敛神气

D. 与鸡俱兴　　E. 使志安宁

3. 下列哪些属于《素问·四气调神大论》中冬三月养生的做法？（　　）

A. 早卧晚起　　B. 使志若伏若匿　　C. 若有私意

D. 去寒就温　　E. 必待日光

情景实训

张某，女，42岁，教师，声音反复嘶哑近2月，咽干，咳呛痰黏，大便偏干，脉细数，舌质偏红，舌苔薄白；咽壁黏膜干燥，有少量淋巴滤泡，声带轻肿，症见肺燥津伤。治宜轻宣温燥，润肺止咳，此病为肺燥津枯，金失濡润，桑杏汤加减，二诊后康复。

本书课堂小测答案

参考文献

［1］濮之珍．中国语言学史［M］．上海：上海古籍出版社，2017：119.

［2］朱熹．周易［M］．上海：上海古籍出版社，1995：150.

［3］郑玄．周易郑注导读．［M］．北京：华龄出版社，2019：227.

［4］李鼎祚．周易集解·卷一五·周易系辞·引九家易［M］．北京：中国书店出版社，1984：5.

［5］沈约．竹书纪年·黄帝轩辕氏［M］．//文渊阁四库全书：第303册.

［6］宋衷，秦嘉谟，等．世本八种［M］．北京：中华书局，2008：107.

［7］许维遹．吕氏春秋集释［M］．北京：中华书局，2009：439—443.

［8］王充．论衡［M］．长沙：岳麓书社，1991：38.

［9］何宁．淮南子集释［M］．北京：中华书局，1998：571.

［10］沈兼士．沈兼士学术论文集［M］．北京：中华书局，1986.

［11］唐兰．中国文字学［M］．上海：上海古籍出版社，1979：4.

［12］于省吾．关于古代文字研究的若干问题［J］．文物，1973，2.

［13］郭沫若．古代文字之辩证的发展［J］．考古学报，1972，1.

［14］裘锡圭．文字学概要［M］．北京：商务印书馆，1988：23.

［15］李学勤．古文字学初阶［M］．北京：中华书局，2013：22.

［16］潘运告．汉魏六朝书画论［M］．长沙：湖南美术出版社，1997，04：77.

［17］童寯．江南园林志［M］．北京：中国建筑工业出版社，1984.

［18］王冰次，林亿，等．黄帝内经素问［M］．上海：上海古籍出版社，1991：8.

［19］王冰次，林亿，等．黄帝内经素问［M］．上海：上海古籍出版社，1991：12.